사랑은 지배하는 것이 아니라 자유를 주는 것이다.

에리히 프롬

사랑이란 쉽게 변하기에 더욱 사랑해야 합니다.

서머싯 몸

FROMM NI MANABU 'AISURU' TAME NO SHINRIGAKU

Originally published in Japan in 2019 by NHK Publishing, Inc.,TOKYO.
translation rights arranged with NHK Publishing, Inc.,TOKYO,
through TOHAN CORPORATION, TOKYO and Enters Korea Co.,Ltd., SEOUL.

우리는
사랑을
모른다

에리히 프롬에게 배우는 사랑의 심리학

우리는 사랑을 모른다

펴낸날 2024년 7월 24일 1판 1쇄

지은이 스즈키 쇼
옮긴이 이지현
펴낸이 이종일 강유균
편집위원 이라야 남은영
기획·홍보 김아름 김혜림
교정·교열 이교숙 정아영 나지원
경영지원 이안순
디자인 바이텍스트
마케팅 신용천

펴낸곳 알토북스
출판등록 1978년 5월 15일(제 13-19호)
주소 경기도 고양시 덕양구 청초로 66 덕은리버워크지산 B동 2007호~2009호
전화 (02)719-1424
팩스 (02)719-1404
이메일 genie3261@naver.com
홈페이지 www.readlead.kr

ISBN 979-11-986214-8-1 (03160)

* 알토북스는 리드리드출판(주)의 출판브랜드입니다.
* 파본은 구입한 서점에서 교환해 드립니다.
* 책값은 뒤표지에 있습니다.

스즈키 쇼 지음 · 이지현 옮김

우리는 사랑을 모른다

에리히 프롬에게
배우는
사랑의 심리학

The Art of Loving

알토북스

prologue

지금은 사랑이 필요한 때

왜 서점에서 이 책을 집어 들었나요?

왜 이 책을 인터넷으로 주문해 받았나요?

사랑과 관련해 무슨 고민이 있나요? 이성 친구를 사귀고 싶은데 잘 안 되거나 사귈 때마다 금방 깨지는 고민 말입니다. 아니면 사랑하는 사람에게 막말을 퍼붓거나 폭력적으로 굴게 되나요? 배 아파 낳은 자식인데 모성애가 느껴지지 않거나 예쁜 구석이 없나요? 어쩌면 가족도 귀찮고 자신도 싫고 사람 자체에 진서리가 날 수도 있겠네요. 그때마다 스스로 묻지요? 내가 진짜 사랑하는 거 맞나?

이런 고민은 없지만 '사랑'이라는 단어가 훅 다가왔거나 마음에 걸려 이 책을 택했을지도 모르겠군요.

당신은 얼마나 '사랑'에 관심이 있나요? '사랑보다 돈'이라고 말하는 사람도 있지만 사실 대다수 사람은 사랑에 무척 관심이 많답니다. 인기 가요를 한번 떠올려 보세요. 팝송, 발라드, 트로트 등. 우정이나 부모와 자식의 사랑을 노래하는 곡도 있겠지만 연인 간 사랑을 노래하는 곡이 훨씬 더 많습니다. 거의 99퍼센트일 거예요. 만일 사람들이 사랑에 전혀 관심이 없다면 사랑을 주제로 한 노래는 인기를 끌지 못했겠지요.

나중에 본문에서 다시 언급하겠지만 《세상의 중심에서 사랑을 외치다》, 《너의 이름은》 같은 연애 청춘물이 큰 인기를 끄는 것을 보면 남녀노소 모두 '사랑'에 관심이 많고 동경한다는 것을 잘 알 수 있습니다.

또한 많은 사람이 "사랑이란 무엇인가?"라는 질문의 답을 찾으려고 노력합니다. 하지만 수많은 책에도, 인터넷 사이트를 검색해 봐도 그에 대한 명쾌한 답을 찾기 어렵습니다.

교회나 성당 결혼식에서 목사나 신부가 읊는 성경 구절을 들어 봤을 것입니다.

사랑은 오래 참고, 사랑은 온유하며 시기하지 아니하며, 사랑은 자랑하지 아니하며 교만하지 아니하며, 무례히 행하지 아니하며 자기의 유익을 구하지 아니하며 성내지 아니하며 악한 것을 생각하지 아니하며, 불의를 기뻐하지 아니하며 진리와 함께 기뻐하고, 모든 것을 참으며 모든 것을 믿으며 모든 것을 바라며 모든 것을 견디느니라. 사랑은 언제까지나 떨어지지 아니하되….

-《신약성경》, <고린도전서> 제13장 4~8절-

이 구절뿐만 아니라 성경 곳곳에는 사랑이 얼마나 훌륭하고 위대한 것인지 많은 언급이 있습니다. 기독교는 흔히 '사랑의 종교'라고도 불립니다. 그런데 기독교 신자가 아닌 저에게 성경 역시 "진실한 사랑이란 무엇인가?", "다른 사람과 관계가 원만하지 못한 이유는 무엇인가?"라는 물음에 답을 주지는 못했습니다.

그런 와중에 사막에서 빛나는 보석 같은 책을 만났습니다. 60여 년 전 출판된 책인데도 여전히 전 세계인의 사랑을 받는 에리히 프롬Erich Fromm(1900~1980년)의 《사랑의 기술The Art of Love》입니다.

저는 1991년에 《사랑의 기술》의 개정 번역본 작업을 맡았습니다. 구역본은 이보다 30여 년 더 앞선 1959년에 출판되었지요. 참고로 구역본의 역자는 제가 아닙니다. 제가 초등학교 1학년이었을 때 출판되었으니까요.

저는 구역본을 학창 시절에 읽었습니다. 학교 수업 시간에 읽은 터라 솔직히 크게 재미를 느끼진 못했습니다. 연애 경험이 적었던 탓도 있었겠지요. '제목은 참 흥미로운데 난해한 책'이라는 인상만 받았습니다.

사실 구역본은 오역도 많고 가독성도 낮아(그래서 제가 재번역 작업을 의뢰받은 것이지요) 이해하기 어렵습니다. 저처럼 구역본을 접했던 독자라면 《사랑의 기술》은 읽기 어려운 책으로 기억하는 사람도 있을 것입니다. 홍보 문구처럼 들리겠지만 그런 사람이라면 저의 개정 번역본을 꼭 한 번 읽어보셨으면 합니다.

30대 후반이 되어 《사랑의 기술》을 다시 읽고 번역해 보니 에리히 프롬의 가치관과 사고방식, 문체를 깊이 이해할 수 있었습니다. 이제야 책 속에 숨겨진 수많은 '깨달음'을 발견하게 된 것이지요. 물론 이직도 이해하기 어려운 부분도 있습니다. 그래서 지금도 시시때때로 꺼내 읽는데 그때마다 항상 새로운 발견을 경험하곤 합니다.

《사랑의 기술》의 원제는《The Art of Loving》입니다. 제목이 꽤 솔깃하지요? 'Art'라는 영어 단어는 '예술'이라는 의미도 있지만 여기에서는 '기술'로 사용했습니다. 그래서 애인과 어디로 데이트 가면 좋은지, 어떤 대화를 나누어야 하는지, 어떤 옷을 입어야 하는지에 알려주는 '연애 방법서'라고 착각하기 쉬운데 그렇지 않습니다. 이 책에 쓰인 '기술'은 그런 것과는 전혀 다릅니다.

하지만 제목을 보면 알 수 있듯이 에리히 프롬은 어디까지나 '사랑은 기술'이라고 단언합니다. 이것이 다른 책과 구분되는 독특한 특징이지요. 그가 사랑을 기술이라고 단정한 이유는 사랑하는 기술을 습득하지 않으면 진정으로 사랑할 수 없기 때문입니다.

또한 그는 인간의 심리를 토대로 "진정한 사랑은 무엇인가?"라고 논합니다. "인간에게서 점차 사랑이 사라진 이유는 현대 사회 구조에 있다."라는 관점에서 '사랑'과 '사회'의 관계를 파헤쳤으며 '사랑'을 깊게 분석하고 있습니다. 이것이 《사랑의 기술》의 가장 큰 특징입니다. 그러므로 이 책은 단순한 연애론이 아니라 우리가 사는 사회의 바람직한 모습과 인간의 심리에서 출발하여 사랑의 본질을 분석한 철학서인 것입니다.

에리히 프롬은 1956년에 《사랑의 기술》을 집필했습니다. 이후 60여 년의 세월이 흐른 지금도 여전히 많은 이들에게 사랑받고 있으니 오래되고 낡았다는 인상은 전혀 느낄 수 없습니다. 아니, 따돌림이나 비혼, 가정 폭력, 스토커, 은둔형 외톨이 같은 사회 문제가 끊이지 않는 현대 사회에서, 그리고 '결혼하지 않겠다', '아이를 낳지 않겠다', '가족도 필요 없다'와 같은 삶의 형태가 늘고 있는 사회적 분위기에서 '꼭 읽어야 할 가치가 있는 책'이라고 저는 생각합니다.

앞에서도 언급했듯이 《사랑의 기술》과 같은 책은 어디에서도 결코 찾을 수 없습니다. 이런 의미에서도 매우 귀중한 책이지요.

저는 번역 개정판 작업을 하면서 되도록 많은 세대가 읽을 수 있도록 평이한 표현을 사용하려고 노력했습니다. 하지만 독서가 익숙지 않은 사람에게는 다소 이해하기 어려운 부분도 있을 것입니다. 제목이 마음에 들어서 읽기 시작했지만 도중에 이해하기 어려워 끝까지 읽지 못하고 포기하는 사람도 있겠지요. 책의 모든 내용을 100퍼센트 정확하게 이해하려고 하면 그만큼 고도의 집중력과 문해력이 필요합니다. 그러니 이해가 안 되는 부분은 그냥 넘어가도 괜찮습니다. 다만, 200페이지 정도로 크게 부담스러운 분량이 아니니 일단 끝까지 읽는 것을 목표로 도전해 보세요.

제가 이 책을 쓴 이유는, 아무리 가벼운 마음으로 《사랑의 기술》을 읽으려 해도 엄두가 나지 않았거나 펼치기조차 힘들었던 사람을 위해서입니다. 그러니까 《사랑의 기술》의 가이드북인 셈입니다. 번역자인 저의 생각을 오롯이 서술한 책은 아니지만 오늘날 독자를 염두에 두고 시대에 맞는 상황과 해설을 살짝 가미했습니다. 일단 이 책을 먼저 읽은 후에 《사랑의 기술》을 읽어보길 바랍니다. 한결 읽기 편한 것은 물론 깊게 이해할 수 있을 것입니다.

《사랑의 기술》을 읽었다고 이성(혹은 동성)에게 인기가 많아지거나 '연애의 달인'이 되는 것은 아닙니다. 하지만 책을 읽기 전과 후를 비교해 보면 사랑에 대한 인식이 180도 달라져 있음을 확인할 수 있을 것입니다. 여태까지 '사랑'이라고 믿어왔던 것은 진정한 사랑이 아니며 '사랑'이란 훨씬 더 심오하고 위대하다는 사실을 깨닫게 될 테니까요.

차례

3장 사랑에 담긴 힘

4장 사랑이 시작되는 순간

5장 사랑이 필요한 시간

6장 사랑을 위한 조건

*일러두기
본문의 필기체 색글자는 저자 스즈키 쇼(鈴木 晶)가 번역한 에리히 프롬(Erich Fromm, 1900~1980년)의《사랑의 기술(The Art of Love)》번역판을 인용했습니다.

사랑은 기술이다

1장

The Art of Loving

《사랑의 기술》은 사랑의 방법론이 아니다. 사랑의 역량을 키우는 지침서도 아니다. 에리히 프롬이 시대를 통해 읽어내는 거시적 사랑의 견해이다. 그러나 각 층위에서 사랑을 조망하고 조심스럽게 개인이 품어야 할 사랑을 제시하고 있다. 어긋난 사랑, 잘못된 사랑의 방식으로 기울어지고 있는 사랑을 바로 세울 수 있는 사랑의 기술을 알아보자.

《사랑의 기술》은 사랑하는 방법을 알려주지 않는다

에리히 프롬의 《사랑의 기술》은 1956년 미국에서 출판되었다. 출간과 동시에 베스트셀러로 등극, 이후 70여 개국 언어로 번역되어 60여 년이 지난 지금도 전 세계인의 사랑을 받고 있다.

제목만 보고 연애 방법을 알려주는 실용서로 착각하는 사람이 적지 않고, 출간 당시 미국에서도 섹스 기술을 알려주는 책으로 오해한 사람이 꽤 있었다고 한다. 이를 우려한 에리히 프롬은 머리말에서 이렇게 책을 소개하고 있다.

> 사랑의 기술에 대한 안이한 지침을 기대하고 이 책을 읽는 사람은 분명 실망할 것이다. 이런 기대와 달리 이 책은, 사랑이란 그 사람의 성숙도와는 관계없이 누구나 쉽게 탐닉할 수 있는

감정이 아니라는 점을 말하고 있다.

첫 문장은 이해하기 쉽다. "연애 방법이나 기술에 관해 쓴 책이 아니다."라는 명시이다. 그러나 다음 문장은 꽤 충격적이다. "사랑이란 [···] 누구나 쉽게 탐닉할 수 있는 감정이 아니다."라니. 대체 무슨 말인가? 사랑은 인간의 본성에 내재된 감정으로 누군가를 좋아하고 사랑에 빠지는 것 아닌가. 태생적 능력으로 누구나 사랑할 수 있고, 어렵게 배우지 않아도 되는 감정의 움직임이다. 그런데 에리히 프롬은 이것이 '아니다'라고 단언한다. 사랑은 '성숙한 성인'만 경험할 수 있다는 것이다. 그러므로 진정한 사랑을 체험하려면 '사랑이 무엇인지'를 깊이 배워야 하고 사랑하기 위한 이론을 익히고 연습할 필요가 있다고 한다.

일반적으로 사랑은 학교나 책을 통해 배우는 것이 아니라 자연스럽게 체득하는 것으로 안다. 그런데 왜 에리히 프롬은 '사랑을 배워야 한다'라고 했을까? 거기에는 역사적 배경이 깔려 있기 때문이다. 그가 《사랑의 기술》을 집필했을 당시의 미국은 자본주의 사상이 팽배해져 인간은 경제를 움직이는 단순한 부속품, 하나의 톱니바퀴에 지나지 않는 존재로 전락하고 말았다. 이런 사회에서 인간은 '사랑의 본질'을 상실하고 잘못된 사랑을 '진정한 사랑'이라고 착각하게 된다고 본 것이다.

'사랑의 본질이 퇴색되어가는 사회'는 미국이나 선진국만의 현상이 아니다. 현재 대다수 국가에서 이와 비슷한 상황이 벌어지고 있다. '사랑하지 않는(못 하는) 사람', '다른 사람을 제대로 사랑할 수 없는 사람'이 늘고 있다. 연애하고 싶지만 선뜻 시작하지 못하거나 단발적인 연애만 되풀이하는 경우이다. 서로 사랑해서 동거를 시작했지만 상대에게 폭력을 행사하거나 헤어진 후에도 집착한다. 반대로 아무도 만나지 않고 칩거하기도 한다. 이런 현상을 보면 현대 사회에서 점차 진정한 '사랑'이 사라지는 것 아닌가 하는 우려가 생긴다.

프롬은 이러한 문제의 원인이 '사랑에 대한 오해'에 있다고 보았다. 본론으로 들어가기 전에 프롬이 말하는 '사랑에 대한 오해'가 무엇인지, 현대인의 행동을 통해 살펴보자.

서툴게 사랑을 시작하지 마라

본론으로 들어가기에 앞서 먼저 분명히 짚고 넘어가야 하는 지점이 있다.

프롬은 《사랑의 기술》에서 다양한 사랑을 논했는데 그 중심은 '연애'다. 따라서 나도 '남녀 관계' 혹은 '이성'이라는 표현을 사용할 텐데 이는 결코 동성 간의 관계를 무시해서가 아니다. 개인적으로 동성애를 '비정상적'이라고 생각하지 않는다. 이성애와 동성애는 그를 둘러싼 사회적 환경이 크게 다르지만(동성애는 소수파이므로) 사랑의 본질은 이성 간의 연애든 동성 간의 연애든 별다른 차이가 없다고 생각한다. 다만 '이성 혹은 동성', '남녀(혹은 남과 남, 여와 여)'라는 표현을 일일이 쓰면 문장이 길어지고 읽기 불편하므로 하나로 통일했다. 이러한 단어의 선택이 다소 불편하게 읽힐 수 있기에 먼저 동성애자 독자에게 양해를 구하는 바이다. 너른 마음으로 '이성'을 '동성'으로 바꾸어 읽어주길 바란다.

이 시대의 젊은이들은 자유연애를 마음껏 즐기는 것처럼 보인다. 시대가 변함에 따라 행복한 연인의 모습을 거리 곳곳에서 보이는데 그만큼 교제의 장벽이 낮아져 남녀가 자유롭게 만나고 서로를 알아가는 기회도 훨씬 많아졌다. 혼전 교제나 동거도 숨기거나 부끄러워하지 않는다. '남녀칠세부동석'이었던 과거에 비하면 지금의 남녀 교제는 극적으로 변화했다.

한편으론 몇 개월, 아니 몇 주일만 만났다가 헤어지는 경우도 허다하다. 애인이 조금이라도 마음에 들지 않으면 곧바로 헤어지거나 애인의 핸드폰에 모르는 이성으로부터 온 문자를 보고 바람을 피웠다며 이별하기도 한다.

과연 이를 진정한 사랑이라고 할 수 있을까? 둘이 사귀면서 깊은 정신적 유대감을 형성하는 것도 아니요, 그런 유대를 원하는 것처럼 보이지도 않는다. 그저 잠시 마음이 맞은 둘이 만나고 데이트하고 성행위를 즐기는 것을 사랑이라고 착각하는 것 같다.

예부터 사랑은 일종의 '병'으로 치부되기도 했다. 사랑에 빠지면 마치 열병에 걸린 것처럼 가슴앓이하고 상대를 생각하느라 일이 손에 잡히지 않으니까. 또한 사랑에 빠지면 상대를 더 알고 싶은 마음에 일거수일투족에 관심을 둔다. 무엇을 하는지, 무엇을 좋아하는지 상대방의 마음을 헤아리려고 애쓰고 배려하려고 노력한다. 물론 서로 의견이 맞지 않거나 가치관이 충돌하는 등 상처를 주기도 하지만 사랑하는 관계를 유지하며 함께 성장해 나간다. 그로 인해 "사랑하면 어른이 된다."라는 말처럼 긍정적인 측면에서 사랑의 가치가 드러난다.

그러나 상대가 마음에 들지 않는다고 곧바로 헤어지고 금방 새로운 상대를 찾아 나서는 남녀 교제는 진정한 사랑에 도달하기 전에 부질없는 행동을 반복하는 것에 지나지 않는다. 이래서는 사랑으로 인한 성장을 기대할 수 없다.

요즘은 사랑하는 사람을 원하는 것이 아니라 '애인이 있는 상태'

를 원하는 경우도 많다. 애인이 없는데도 크리스마스나 밸런타인데이에 일단 호텔 예약을 잡아두고 애인을 찾는 경우도 많다고 한다. 설령 애인을 깊게 사랑하지 않아도 일단 있는 것이 좋다는 인식이다. 애인이 없으면 '불안하다', '불쌍하다'라고 보는 사람이 적지 않다. 그러니 이런 관계에 진실한 사랑이 있겠는가? 사랑이 깃들 리 만무하다.

혼자서 만족하는 사랑은 사랑이 아니다

속 빈 강정처럼 허울만 좋은 교제를 반복하는 사람이 있는 반면 애인을 간절히 바라지만 아무리 노력해도 생기지 않거나 누군가와 교제해 본 적이 없는 사람도 많다. 대개 "일이 바빠서 연애할 시간이 없어.", "누군가와 만날 기회가 없어."라며 신세 한탄을 늘어놓는다. 자신에게 있을지 모를 심각한 원인을 다른 핑계로 둘러대는 것이다.

물론 '굳이 애인이 필요한가?', '혼자서도 잘살고 있다'라는 사람도 많다. 나는 '애인이 있어야 한다', '애인이 없는 사람은 불행하다'라고 비난할 생각이 절대 없다. 혼자 사는 것은 나쁘다고 여기지도 않는다. 실제로 아내가 병으로 세상을 떠난 후 나는 혼자 살고 있고 딱히 재혼하고 싶은 생각도 없다.

그러나 혼자 사는 사람 중에는 혼자 지내기 너무 외로운데 이를 인정하지 않고 애써 끙끙 참으며 '혼자라도 괜찮다. 나는 만족한다'라고 착각하는 사람도 있다. 이들은 외롭다는 감정을 인정하고 싶지 않아 '외롭지 않다'라고 자신을 타이르며 그렇게 믿는다.

잠시 좀 더 넓은 의미의 사랑으로 옮겨 보자. "혼자라도 괜찮아, 만족해."라고 말하는 사람 중에는 연애뿐만 아니라 "그 어떤 누구도 사랑하지 않고 사랑하고 싶지 않아."라고 말하는 이도 있다. 단언컨대 이런 사람은 불행하다. 왜냐하면 인간은 혼자 살 수 없기 때문이다.

"아니야. 나는 혼자라도 괜찮고 행복하게 살고 있어."라며 반문하는 사람도 있겠지만 인간은 로빈슨 크루소처럼 무인도에서 절대 혼자 살 수 없다. 사람이라면 누구나 직·간접적으로 타인과 관계 맺고 서로 도움을 주고받으며 살아야 한다. 나중에 다시 언급하겠지만 인간과 인간을 이어주는 것, 그중 가장 중요한 요소가 바로 '사랑'이다.

부탁하건대 여기에 대해서는 “그렇지 않아. 인간은 자신만을 위해 살아가는 존재야.”라고 반론을 제기하지 않길 바란다. 인류가 사랑을 잊은 채 이기심만 앞세웠다면 이미 오래전에 멸망하지 않았을까? 물론 역사를 돌아보면 인간은 살아남기 위해 다른 사람을 죽이거나 속이기도 했다. 하지만 이는 일부에 지나지 않는다. 살육을 멈추고 평화롭게 지내고자 했던 사람이 더 많았다. 바로 이 지점에서 인간 대 인간의 사랑을 확인할 수 있다.

집착은
어긋난 사랑이다

다시 개인 차원의 이야기로 돌아가 보자.

'혼자 사는 데 만족하는 사람'의 극단적인 사례는 '은둔형 외톨이'에서 찾을 수 있다. 이들은 각자 나름의 원인으로 집 밖으로 나가지 못한다. 대개 죽음을 택할 만큼 견디기 힘든 경험 후 이런 선택을 한다. 나는 이들이 어떤 방법을 간구하더라도 밖으로 나가야 한다고 말하려는 의도는 아니다.

하지만 집에만 있으면 잃어버릴 게 많다고 이야기해줄 수 있다. 모든 은둔형 외톨이의 원인이 사랑과 관련된 것은 아니지만 칩거하며 외부와 접촉을 피하는 행동은 당연히 '사랑을 거부하는 행동'이다. 간혹 '사랑을 거부하는 것이 아니라 사랑하고 싶지만 사랑할 수 없다'라고 말하는 사람도 있다. 어쩌면 자신이 상처받을까 봐

두려워하는 것은 아닐까. 상처받을 바에야 차라리 사랑하지 않는 편이 낫다, 남과 인연을 맺지 않는 것이 낫다고 단정한 결과이다.

상처받는 것을 두려워하는 이유를 뒤집어보면 '자신이 그 어떤 것보다 가장 소중하기 때문'이다. 일종의 나르시시즘(자기애)이라 볼 수 있다. 이런 나르시시즘에 갇혀 남에게 상처받는 것을 피하려고 스스로 혼자만의 세상에 갇혀버린 사람이 바로 '은둔형 외톨이'다. 나르시시즘이 비대해지면 타인을 절대 사랑할 수 없다.

최근 일본에서는 '스토킹' 범죄가 급격히 늘고 있다. 2017년 경찰청 보고에 따르면 스토킹 관련 범죄는 무려 2,300건이나 되었다. 매우 높은 수치가 아닐 수 없다. 이 역시 '자신이 제일 소중하다'라는 인식에서 나르시시즘과 무관하지 않지만 근본적인 은둔형 외톨이와는 다르다. 이런 스토커의 정신세계를 이해하려면 일단 '타인의 인정과 승인'에 관해 이해해야 한다.

원래 인간은 어떤 형태로든 남에게 인정받아야 살아갈 수 있는 존재다. 남에게 인정과 사랑을 받는다고 느끼지 못하면 '자아自我'가

무너지고 만다. 이 '자아'라는 것은 매우 연약해서 타인의 지속적인 관심을 필요로 한다. 쉽게 말해 '자아'는 곧 '나'다. 나중에도 언급하겠지만 '나'는 '내가 알고 있는 나'와 '내가 알지 못하는 나'가 있다. 정신 분석학에서는 '내가 알지 못하는 나'를 '무의식'이라고 부른다. 이 무의식에서 인정의 욕구가 발생하는데 이런 인정 욕구가 정상 범위를 넘어 너무 강하면 스토커가 되기도 한다. 열렬히 사랑했던 애인을 죽이고 자살을 선택하는 사건을 종종 접하는데, 이 역시 자신을 인정해 주던 상대가 사라짐으로 인해 인정받지 못한 '자아'가 무너진 안타까운 사례이다.

정신 분석학에서 보면 '자아'는 태생적인 것이 아니라 인간이 살아가기 위해 무리해서 만들어낸 허구이다. 인간은 자신의 이야기fiction를 자기 좋을 대로 구상해 놓고 그 이야기에 맞춰 살아간다. 그런데 이 이야기가 현실에서 그대로 실행될 가능성은 매우 희박하다. 자신과 관계된 사람들이 자기 생각대로 움직여 주지 않기 때문이다. 모든 사람이 자신에게 유리하게, 자신의 상황에 맞춰 움직여 주는 일은 없다. 그들도 그들의 이야기를 실현해야 하기 때문이다. 이러한 어긋남이나 충돌로 상처받고 고민하면서 자신의 이야기를 수정해 나간다.

그런데 스토커는 이런 수정이 서툴다. 상대가 무조건 자기가 짜 놓은 이야기대로 행동해 주기를 바란다. 이를 위해 집착하고 협박한다. 더 심하게는 위해를 가하는 등 위험한 행동으로 치닫는다.

스토커의 마음에는 '사랑받는 자신'의 이야기가 존재한다. 그런데 상대방에게 '당신이 싫다. 꼴도 보고 싶지 않다'라는 말을 들으면 '사랑받는 자신'의 이야기가 전면적으로 부정당한다. 이런 말에 아무렇지 않을 사람은 어디에도 없다. 보통 사람이라면 마음이 아프고 슬프지만 자신의 이야기를 수정하고 다른 이야기를 구상한다. 하지만 스토커 성향을 지닌 사람은 새로운 이야기를 엮어나갈 수 없다. 오로지 자신이 만든 이야기에만 집착한 나머지 '나를 부정한 사람이 이 세상에 존재하다니 참을 수 없다'라는 생각에 이른다. 이들은 상상력의 결여로 상대방이 자신을 어떻게 생각하는지 냉정하게 바라보지 못한다. 자기 멋대로 '내가 이렇게 사랑하잖아.

당신도 나를 사랑해야지. 꼭 그래야 한다'라고 몰아붙인다. 이런 유형의 스토커는 대부분 나르시시스트다.

스토커에는 두 가지 유형이 있다. 하나는 처음 만났을 때 상대방은 자신에게 전혀 호감이 없는데 '상대방도 나를 좋아할 것이다'라고 착각하는 유형이다. 다른 하나는 교제하다가 상대방의 이별 통보를 받아들이지 못하고 원상태로 돌아가자며 협박하는 유형이다. 이 두 유형 모두 '자기중심적인 사고'에 빠진 사람으로 중심에 오직 자신밖에 없다.

이처럼 최근 남녀의 교제를 살펴보면 대다수가 '사랑받고' 싶다고 바라는 만큼 상대방의 감정은 고려하지 않는다. 사랑했던 애인을 죽이는 사람도 멀리 떠난 애인이나 배우자를 끈질기게 따라다니는 사람도 '사랑'의 본질을 잘못 이해하고 비뚤어지고 엇나간 사랑을 하고 있다. 이는 진실한 사랑이 아니다.

가정폭력도 사회적으로 큰 문제인데 이에 대해서는 3장에서 다루도록 하겠다.

사랑받기보다 사랑하기 위해 사랑을 배워야 한다

자, 이제 《사랑의 기술》의 1장으로 들어가 보자.

앞에서 언급했듯이 현대 사회에서 사랑이 왜곡되는 일이 벌어지고 있다. 그런데도 사람들은 여전히 '사랑에 대해 배울 필요가 없다. 사랑은 누구나 가지고 태어나는 감정'이라고 착각한다. 왜 이런 착각에 빠지게 되었을까? 프롬은 1장에서 이 착각의 배경이자 전제로 세 가지 오해를 지적한다.

첫 번째 오해는 사랑을 '사랑하는 것'이 아니라 '사랑받는 것'으로 안다.

사람은 대개 사랑의 문제를 '사랑하는' 문제, 즉 사랑할 줄 아는 능력의 문제가 아니라 '사랑받는' 문제로 오해한다. 사람들에게 중요한 것은 어떻게 하면 사랑받을 수 있는가, 어떻게 하면 사랑받을 수 있는 인간이 될 수 있는가 하는 문제다.

연애 관련 서적을 읽어보면 '이성 앞에서 어떻게 행동하고 어떤 옷을 입으면 사랑받을 수 있는지'에 관해 언급한다. 독자의 최대 관심사도 '어떻게 하면 사랑받을 수 있는지', '어떻게 하면 사랑스러운 인간이 될 수 있는지'다. 그를 위한 방법으로 남성은 돈과 권력, 여성은 이성을 매혹시키는 매력을 갖추는 것이다(여성의 매력은 시대에 따라서 달라졌다).

한편 무슨 이유에서인지 '상대방을 어떻게 사랑할 것인가?'에 관한 책은 찾아볼 수 없다. 그러나 프롬이 생각했던 사랑의 전제는 '사랑받는 것'이 아니라 '사랑하는 것'이다. 오직 그만 '사랑받는 것'보다 '사랑하는 것'이 중요하다고 주장한 것은 아니다. 기독교 교리도 그러하고 그렇게 주장하는 철학자도 이전에 있었다.

일본 아이돌 그룹 킨키 키즈KinKi Kids의 두 번째 싱글 앨범 타이

틀은 〈사랑받기보다 사랑하고 싶다愛されるより愛したい〉였다. 히카와 기요시氷川きよし가 불렀던 〈만텐노 호시満天の瞳〉에는 '사랑받기보다 사랑해야愛されるよりも愛さなきゃ'라는 가사가 나온다. 이런 예는 우리 주변에 훨씬 더 많다. 이들 모두 '사랑받는 것보다 사랑하는 것이 중요하다'라고 노래한다.

'사랑하는' 것이 중요한 이유는 무엇일까? '사랑하는' 것이 중요하다는 사실을 알지만 사랑하는 관계가 설정되면 '사랑받는 것'이 중요하다고 착각하기 때문이다. 특히 우리 사회는 '여자의 행복은 사랑받으며 사는 것이다'라는 정서가 만연하다. 부모가 딸에게 그렇게 가르치기도 한다.

다음 상황을 떠올려 보자. 당신은 A를 사랑한다. 그런데 A가 당신을 얼마나 사랑하는지 알 수 없다. 호감은 있는 것 같은데 '좋아한다'라거나 '사랑한다'라는 말을 하지 않는다. 한편 B는 당신에게 열정적으로 구애를 펼친다. 진심으로 당신을 사랑한다고 말한다. 이런 상황에서 누군가 한 명을 선택해야 한다면 당신을 누굴 택할 것인가? 자신이 사랑하는 A인가? 아니면 당신을 사랑하는 B인가?

당연히 A를 선택하는 사람도 있고 B를 선택하는 사람도 있을 것이다. 하지만 만일 배우자를 선택하는 경우라면 다르다. A는 가난하고 B는 부자라면 더 많은 사람이 B를 선택할 것이다. 이런 선택의 근간에 '행복은 사랑받으며 사는 것이다'라는 생각이 깔려 있다. 만일 이에 수긍한다면 당신은 미성숙하고 미성숙한 사랑밖에 모르는 사람이다. 나중에 다시 언급하겠지만 '사랑받는 관계'의 원형은 모성애에 싸여있는 단계, 즉 유아 단계의 사랑이다. 따라서 정신적으로 아직 유아인 셈이다.

사랑할 대상에
눈독 들이지 마라

우리가 '사랑에 대해 배울 필요가 없다'라고 생각하는 두 번째 오해는 사랑을 능력의 문제가 아니라 오직 '대상'의 문제라 치부하기 때문이다.

사랑에 대해 배울 것이 없다는 사고방식의 두 번째 전제는 사랑의 문제는 '능력'의 문제가 아니라 '대상'의 문제라는 착각이다. '사랑한다'라는 것은 간단한 일이지만 사랑하기에 적합한, 다시 말해 사랑받을 올바른 대상을 발견하기가 어려울 뿐이라고 사람들은 생각한다.

자신에게는 사랑할 능력은 있지만 사랑할 대상이 없다고 단정한다. 이는 자유연애 시대의 도래와 깊은 관련이 있다. 과거에는 부모 혹은 중매자가 정해준 상대와 먼저 혼례를 올리고 사랑은 그 이후에 키워나가는 것이라고 여겼다. 혼례 당일까지 배우자의 얼굴조차 모르는 것은 드문 일이 아니었다. 그런데 이런 상황은 자유연애 시대가 열림으로써 크게 달라졌다. 자신의 힘으로 배우자를 찾아 나서며 자기 에너지와 관심을 사랑하는 능력이 아니라 사랑하는 대상을 찾는 쪽으로 기울인다.

이는 현대 사회의 특징과 연결된다. 3장에서 더 자세히 설명하겠지만 자본주의 경제에서 살아온 우리는 사랑의 대상을 선택할 때도 무의식중에 시장 원리, 즉 '교환' 원칙을 따른다. 자신의 사회적 가치를 확인하고 자신에게 적합한 수준의 '양질의 상품'을 찾으려 한다. 처음부터 싼 물건 특히 저렴하고 조악한 상품을 찾는 사람이 없듯 상대를 찾을 때도 마찬가지다. 대개 탐나는 '득템'을 찾는다. 평소라면 고가라서 엄두도 못 내지만, 우연한 기회에 정가보다 싸게 구입할 수 있는 상품 말이다.

물론 모든 사람이 그렇다는 것은 아니다. 가정환경이나 학력,

연봉, 외모 등 조건을 따져보고 상대방을 선택한다. 하지만 인간은 상품이 아니다. “자신에게 이득인지 손해인지에 따라 상대방을 선택하는 것이 과연 진정한 사랑일까?”라고 프롬이 묻는다.

사랑을 ‘대상’의 문제라고 생각하는 사람은 둘 사이에 문제가 발생했을 때 원인을 상대방에게 돌린다. “그 사람은 나와 어울리는 사람이 아니었어.”라고. 자신의 미숙함이 원인이었을지도 모르는데 그 가능성은 전혀 고려하지 않는다. ‘어딘가에 훨씬 더 좋은 짝’이 있을 거라며 다른 대상을 찾아 나선다. 이런 사람은 사랑하는 면에서 성장하지 못했기에 그다음 관계도 원만하지 못하다. 개중에는 ‘어딘가에 이상적인 짝이 있을 것’이라 생각하며 떠돌다가 생을 마감하는 사람도 있다.

사랑에 빠지는 건
환상에서나 가능하다

사람들이 '사랑에 대해 배울 필요가 없다'라는 가정에 이르는 세 번째 오해는 연애 혹은 사랑은 자신의 의지와 관계없이 '저절로 빠지는 것'이라는 착각이다.

세 번째 오해는 사랑에 '빠진다'라는 최초의 경험과 '사랑하고 있는' 혹은 이해하기 쉽게 표현하면 사랑에 '머물러 있는' 지속적인 상태를 혼동하는 것이다.

우리는 '사랑에 빠졌다'라는 표현을 자주 쓴다. 영어로 'fall in love'는 '사랑에 빠지다'라는 뜻으로 이 감정은 만국 공통인 모양이다. 이에 대해 프롬은 정확하게 말했다.

여태까지 남남으로 지내오던 두 사람이 갑자기 그들 사이에 놓인 벽을 허물고 친밀함을 느끼며 일체(혹은 합일)에 빠지는 순간은 인생에서 가장 가슴 벅차고 심장이 두근거리는 순간이다.

이 말에 많은 이가 공감할 것이다. 사랑하게 되면 두 사람이 급속하게 친밀감을 느끼고 하나가 되는 순간, 마치 기적과도 같은 힘의 작용으로 사랑에 빠지게 되니까. 이 순간을 '빠진다'와 반대로 '하늘로 치솟는 기분'이라고 표현하기도 한다. 미국의 팝 그룹 카펜터즈Carpenters는 〈Top Of The World(탑 오브 더 월드)〉에서 'Your love's put me at the top of the world(당신과 함께 있으면 세상에서 가장 높은 곳에 있는 것 같다)'라고 노래했다.

특히 성적인 관계에서 시작된 연애는 순간적인 설렘과 크게 관련이 있다고 프롬은 말했다. 그러나 이 역시도 진정한 사랑은 아니다. 불꽃이 튀듯 순간 타오르는 사랑에 빠지면 처음에는 서로에게 푹 빠져 황홀감에 젖어든다.

그러나 시간이 지나면 흥분은 자취를 감추고 이 사랑은 끝을 향해 간다. 사랑할 때 '쉬이 타오르고 쉬이 식는 편'인 사람은 진정한 사랑을 경험해보지 못한 것이다.

프롬은 영속적으로 '머물러' 있는 상태야말로 진정한 사랑이라고 했다. 이는 교제를 시작하자마자 성적인 관계까지 발전하는 것이야말로 인생의 '사랑'이라고 굳게 믿는 사람에게도 그대로 적용된다. 이런 사랑을 프롬은 비판했다. 이에 따른 고독과 사랑의 관계는 3장에서 따로 설명하도록 하겠다.

그때까지 그들이 얼마나 외로웠는지를 입증해줄 뿐이다.

여기까지가 현대인이 '사랑에 대해 배울 필요가 없다'라고 생각하게 된 배경이자 원인이다. '사랑에 대한 세 가지 오해'를 잘못된 사랑이라고 받아들인다면 지금까지 당신이 '사랑'이라고 믿어왔던 것은 착각에 지나지 않는다. 이 지점에서 당신은 고민에 빠진다.

상대방에게 인정받으려고 외면과 내면을 갈고닦고 자신에게 어울리는 상대를 찾고 서로 호감을 느끼고 육체관계를 맺는 것, 만일 이것이 진정한 사랑이 아니라면 무엇이 사랑인가?

바로 이 관점에서 《사랑의 기술》이 본격적으로 시작된다.

에리히 프롬의 사랑

2장

The Art of Loving

본론으로 들어가기 전 《사랑의 기술》의 저자인 에리히 프롬을 알아보자. 만일 '저자가 누구든 관심이 없다. 빨리 본론으로 들어가고 싶다' 하는 사람은 이번 장을 생략하고 3장부터 읽어도 좋다. 혹시 '어떤 사람이기에 이런 책을 썼는지', '왜 사랑에 관한 책을 썼는지', '어떤 관점에서 사랑을 논했는지' 조금이라도 궁금하다면 이번 장을 들여다보자.

사랑이 무너진 곳에서 새로운 사랑이 시작된다

에리히 프롬은 1900년 독일 프랑크푸르트에서 유대인 아버지와 핀란드계 어머니 사이에서 외아들로 태어났다. 그의 친가는 대대로 유대교 랍비 집안으로 증조부, 조부 모두 저명한 랍비였다.

랍비는 유대교의 종교 지도자이자 율법 학자를 칭하는 말이다. 프롬의 아버지도 랍비로 살기를 원했으나 그의 바람은 이뤄지지 않았다. 자기 뜻과 다르게 생계를 위해 작은 와인 상점을 운영해야 했다. 프롬은 어렸을 때부터 조부의 영향으로 탈무드 학자를 동경했고 30세부터는 랍비 밑에서 탈무드 학자가 되기 위한 공부를 시작했다. 탈무드는 유대교 성전이다.

이때(1914년) 제1차 세계대전이 발발했다. 전쟁은 당시 독일인에게 매우 큰 충격을 안겨주었다. 사실 이전에도 국경이 육지로 연결된 유럽에서는 전쟁이 빈번하게 일어났다. 하지만 일반 시민이 희생되는 일은 거의 없었다. 그러나 제1차 세계대전은 달랐다. 주로 국지전이었고 삽시간에 유럽 전역으로 확산되었다. 군인뿐 아니라 시민까지 참전하는 등 전면전으로 치달았다.

제1차 세계대전으로 유럽의 전통문화뿐만 아니라 그때까지 굳게 믿고 소중히 지켜왔던 모든 것이 사라졌다. 당시의 사람들에게 제1차 세계대전은 문명의 종말이자 세계의 종말과도 같은 사건이었다.

우리는 종종 '19세기 문화', '20세기 사회'라는 표현을 쓴다. 그런데 20세기로 돌입한 날, 즉 1901년 1월 1일에 세상이 확 바뀐 것이 아니다. 유럽 역사를 공부할 때 유럽의 19세기는 제1차 세계대전으로 끝났다고 알아두면 여러 면에서 이해하기 편하다.

당시 20대였던 프롬에게도 제1차 세계대전은 가치관이 180도 뒤집힐 만큼 큰 사건이었다. 훗날 그는 이 시기에 대해 이런 글을 남겼다.

1918년 전쟁이 끝났을 때 청년이 된 나는 매우 혼란스러웠다. 왜 전쟁이 일어났는지에 대한 의문, 인간 집단행동의 비합리성을 이해하고 싶었던 바람과, 평화와 국제적 상호 이해에 대한 열정적 욕구에 사로잡혔다. 또한 모든 공인公認 사상과 공식 선언과 같은 것이 매우 회의적으로 느껴져 '모든 것을 의심해야 한다'라는 확신으로 가득 찼다.

-《의혹과 행동》 중에서-

제1차 세계대전이 종식된 해, 프롬은 프랑크푸르트대학에서 법학을 전공하고 있었다. 하지만 '법에는 자신이 바라는 배움이 없다'라며 1년 만에 자퇴했다. 이후 하이델베르크대학으로 옮겨 사회학, 심리학, 철학을 공부했다. 전쟁을 계기로 좀 더 넓은 관점에서 바람직한 사회와 인간의 행동을 연구하고 싶었던 듯하다.

프롬은 대학에서 유대인 커뮤니티에도 적극적으로 참여하며 수많은 지식인과 깊은 교류를 나눴다. 동시에 다양한 분야의 학문을 접했다. 프로이트의 정신 분석학을 접한 그는 인간의 심리에 깊은 관심을 가지게 되었고 결국 정신 분석학 연구에도 몰두했다.

프롬의 사상은 정신 분석학에 토대를 두고 있다. 그래서 이 책에서도 자주 정신 분석학 이론이 언급되는데 자세한 설명은 그때마다 하도록 하겠다. 이 장에서는 제일 기본적인 것만 소개하기로 한다.

사랑은
보는 각도에 따라 다르다

정신 분석학은 오스트리아 빈의 의사 지그문트 프로이트Sigmund Freud에 의해 창시되었다. 초기 정신 분석학은 마음의 상처를 입은 사람을 치유하는 심리 치료법이었다. 그리고 20세기로 넘어오면서 매우 중요한 사상 중 하나로 자리 잡았다. 심리학의 한 분야로 다른 심리학과 구별되는 차이점은 '무의식'이라는 개념을 다룬다는 것이다.

미국과 유럽에서는 오랫동안 인간 심리의 중심은 '자아自我'라고 생각했다. 특히 "나는 생각한다. 고로 나는 존재한다."라고 말한 데카르트 이후 서양 철학은 '나'를 인간의 중심으로 보았다. 그러나 프로이트는 인간의 중심은 무의식에 존재한다고 주장했다. 즉 '나'는 '내가 알고 있는 나(자아)'와 '자신이 모르는 나(무의식)'로 이루어져 있고 후자의 지배력이 훨씬 더 크다는 것이다. 여기에 더해 인간의 정신을 움직이는 원동력은 '성욕性欲'이라고 했다. 프롬은 이 지점에서 프로이트와 의견을 달리했다. 이는 나중에 다시 언급하도록 하겠다.

정신 분석학과 심리학 연구에 몰두하던 프롬은 30세에 프랑크푸르트 사회연구소의 사회심리학 부장으로 취임했다. 이 무렵부터 독일 국내에 불온한 분위기가 감돌기 시작했다. 나치즘Nazism(국가사회주의)을 제창한 아돌프 히틀러가 권력의 핵심으로 등장한 것이다. 나치즘 사상은 인민을 엄격하게 통제하고 내셔널리즘을 실현하는 강력한 국가를 만드는 것이 목표였다. 이들은 자유주의, 민주주의, 의회정치를 모두 부정하고 우생사상을 근거로 유대 민족을 탄압했다. 또한 정신 분석학을 위험한 사상으로 분류하고 프로이트의 저작물을 모두 불태웠다.

1933년 마침내 나치가 정권을 잡자 독일은 온통 파시즘으로 물들었다. 프롬이 근무하던 프랑크푸르트 사회연구소는 국가에 반하는 조직으로 낙인찍혔고 직원들은 1934년에 미국으로 망명해야

만 했다. 프롬은 이보다 조금 앞서 미국 시카고의 정신 분석 연구소에 초빙되어 건너갔기 때문에 광기 어린 나치즘의 유대인 대학살(홀로코스트)과 탄압을 직접 목격하지는 못했다. 하지만 독일 국민이 자유를 버리고 파시즘으로 치닫는 위험한 상황을 탄식했다.

이렇게 파시즘을 경험한 프롬은 '전쟁은 왜 일어나는 것'이고 '인간은 왜 비합리적인 행동으로 치닫는 것인지' 인간의 본질과 사회의 연관성에 더 깊은 의문을 가지게 된다. 그리고 그의 관심은 프로이트 이론에서 마르크스 사상으로 옮겨갔다. '자본론'으로 유명한 경제학자 칼 마르크스는 "인간 심리나 정신 분석만 연구해 봤자 사회 변혁을 꾀할 수 없다. 사회 제도의 바람직한 방향을 다시 살펴보고 거기에서 인간의 행동 원리를 찾아야 한다."라고 말했다.

이 무렵 미국에서는 인간의 행동 요인을 프로이트와 같이 생물학적 견해에서 바라보는 것만이 아니라 사회 제도에서 찾으려는 큰 조류가 일고 있었다. 이들은 '신프로이트파', '프로이트 좌파'라고 불렸는데 프롬도 그중 한 명이었다.

사랑의 크기에는 범위가 있다

제2차 세계대전이 한창이던 1941년에 프롬은 그의 첫 번째 저서인 《자유로부터의 도피Escape from freedom》를 출판했다. 이 책은 파시즘이 독일에 출현하게 된 이유를 사회학적, 심리학적 관점에서 해명한 이론서로 높은 평가를 받았다. 덕분에 프롬은 사회 사상가이자 정신 분석가로 큰 주목을 받는다. 《자유로부터의 도피》에서 밝힌 '파시즘이 생겨난 과정'이 《사랑의 기술》과도 연관이 있으므로 여기서 간략하게 소개하겠다.

《자유로부터의 도피》는 "인간은 고독을 가장 두려워한다."라는 전제에서 모든 해석을 시작한다. 인간은 고독을 싫어하면서도 한편으로 자유를 동경한다. 그래서 필연적으로 자유를 바라는 방향으로 나아가는데 자유로워질수록 개개인으로 뿔뿔이 흩어지고 결국 고독에 신음한다. 이렇게 되면 인간은 다시 고독에서 도망치려고 스스로 자유를 멀리 떠나보내는 선택을 한다. 거대한 권위에 몸을 맡기는 방향으로 진행되는 것이다. 이렇게 자유를 내어주고 고독에서 벗어나려는 심리에서 생겨난 것이 바로 파시즘이다.

그래서 '히틀러 같은 독재자와 파시즘 국가가 탄생한 이유'를 깊이 파헤쳐 보면 이 같은 인간 행동 원리에 원인이 있다. 결국 국민이 스스로 원해서 파시즘을 만들어냈다는 것이다.

1947년에 출판된 프롬의 《자립적 인간Man, for Himself》도 이전 작품과 동일하게 자유를 주제로 쓴 책이다. 인간이 자유롭게 살려면 '생산적 성격'을 갈고닦는 것이 중요하며, 이를 위해 올바른 사랑과 본질을 꿰뚫어 볼 수 있는 이성을 기르고 고독을 두려워하지 않는 자세를 갖춰야 한다고 했다.

이후 1956년 출판된 책이 《사랑의 기술》이다. 사랑을 주제로 삼았지만 실제로 《자유로부터의 도피》, 《자립적 인간》의 이론을 더욱 발전시킨 사회사상서이자 철학서다. 이 책의 주요 취지는 우리가 사회 변혁을 고민할 때 국가 체제나 정치 문제에 주목하는 것도 중요하지만 실제로 '사회에서 사랑이 어떻게 사라져가고 있는지'가 가장 큰 문제라고 지적했다.

사랑은 형태가 없다. 또한 정체가 무엇인지, 그 실체를 알 수도 없다. 그러나 인간 사회를 이루는 가장 큰 중요한 요소이며 보다 넓은 의미에서 사랑이 사람과 사람을, 세계를 연결한다. 반면 현대를 살아가는 모든 이가 안고 있는 보편적인 심리 문제이다. 지금 우리도 어떤 형태의 사랑 문제이든 그 막중한 짐을 지고 있지 않은가.

유대인으로 태어나 두 번의 전쟁을 겪으면서 인간의 정신과 바람직한 사회 모습에 관심을 두고 "왜?"라는 의문을 던졌던 에리히 프롬. 그의 의문이 최종적으로 이른 곳에 바로 '사랑'이 있었다.

3장

사랑에 담긴 힘

The Art of Loving

개인주의와 자본주의가 팽배한 시대적 흐름에서 사랑을 외치는 일은 공허해졌다. 더구나 진실한 혹은 진정한 사랑의 가치를 전한다면 사람들은 외면한다. 그만큼 사랑은 삶에서 부수적인 요인이 되어 버린 것이다. 그럼에도 사랑 없는 세상은 생각조차 하기 싫어한다. 누구나 사랑받고 싶고, 사랑하고 싶은 갈증이 있기 때문이다. 도대체 사랑이 뭐길래. 이번 장에서 사랑이 힘이 어디에 있는지 들여다보자.

본능은 사랑이라 부를 수 없다

에리히 프롬은 《사랑의 기술》의 2장 '사랑의 이론'에서 다음과 같이 언급한다.

> 사랑에 관한 어떤 이론도 인간론, 즉 인간 실존론부터 시작해야 한다. 동물에게서도 사랑—이라기보다 사랑에 상응하는 것—이 발견되기는 하나 동물의 애정은 본능이다. 이런 본능은 인간에게도 남아있다. 그러나 인간이 동물과 본질적으로 다른 점은 본능의 세계에서 벗어나 자연을 초월한다는 것이다.

'인간은 동물과 다르다'라는 해석이다. 모든 동물은 본능을 따른다. 태어날 때부터 유전자에 깃든 생활방식대로 살아간다. 흔히

"벌집은 기하학적으로 정교하게 만들어졌다.", "역할 분담이 정해져 있는 개미 사회는 놀랍다."라고 말한다. 하지만 벌과 개미는 아무 생각 없이 오로지 본능에 따라서 행동할 뿐이다. 벌과 개미가 만든 사회는 인간이 만든 사회와 다르다. 의식적으로 만든 것이 아니라는 말이다.

또한 어미가 새끼를 예뻐하는 모습을 보고 "역시 어떤 동물이든 어미는 자식을 사랑하는 법이다."라고 말하며 '모성애'를 언급한다. 하지만 이 또한 엄밀히 말하자면 동물은 본능에 따라 종족 번식을 위해 새끼를 낳고 키울 뿐이다. 곤충이나 새의 구애 행동도 인간과 닮았다고 하는데 그렇지 않다. 인간이 동물의 행동에 인간의 사랑과 애정을 투영했을 뿐이다.

이에 대해 "아니다. 우리 집에서 키우는 개나 고양이는 내가 주는 사랑에 반응하고 나를 사랑한다."라고 반론을 제기하는 사람도 있다. 그런데 이는 애완동물이나 가축이 '인간화'되었기 때문이다. 이들도 자연에서 분리된 것이다.

애완동물이나 가축 외 모든 동물은 자연과 합일을 이룬다. 자연과 밀착되어 있다. 하지만 인간은 자연에서 분리되고 말았다. 그로 인해 본능이 망가졌다.

본능이 망가진 이유에는 여러 학설이 있다. 그중 '네오테니neoteny(유형성숙)'라는 설은 1920년 네덜란드 생물학자인 루이스 볼크가 주장했다. '인류 네오테니설'은 인간이 침팬지의 어릴 적 모습과 유사한 점에서 침팬지의 태아가 그대로 인간으로 태어났다는 주장이다. 이후 이 학설은 다양한 찬반양론을 낳았다. 또한 '대뇌 빅뱅설'도 있다. 인간이 직립보행을 시작했을 때 대뇌가 비약적으로 발달했다는 설이다.

어쨌든 이런 과정에서 인간의 본능은 망가지고 말았다. '본능이 망가졌다'라고 하면 '아니다. 인간에게도 본능이 있다'라며 그 근거로 인간의 가장 큰 본능인 '식욕'과 '성욕'을 든다. 하지만 만일 식욕이 본능이라면 인간은 생존을 위해 필요한 것만 먹어야 할 것이다. 본능이 아니기에 과식하고 '편식'을 한다. 생존을 위해 필요한 것만 좋아하고 생존에 불필요한 것을 싫어하지 않는다. 식욕이 본능이라면 모든 인간은 똑같은 음식을 좋아해야 하는데 사람마다 다르다. 심지어 숨은 맛집을 찾아다니며 먹을거리를 즐기는 사람도 있다. 이들이 맛있다고 칭찬하는 음식은 생존에 필요한 것과는 거리가 멀다. 산해진미도 생존과 아무런 관계가 없다.

또한 음식은 아니지만 건강에 나쁘다는 것을 알면서도 담배를 피우는 사람이 있다. 이런 흡연자를 과연 본능에 따른다고 말할 수 있을까? 오히려 본능에 반한다고 말하는 편이 맞지 않을까?

성욕도 마찬가지다. 모든 동물은 생식을 통해 자손을 남기려 한다. 건강한 새끼를 낳으려고 그에 적합한 수컷과 암컷을 선택한다. 하지만 인간은 꼭 그렇지는 않다. 예전에는 '결혼해서 자식을 낳는 것'이 당연한 일이었다. 그러나 지금은 '자식을 낳지 않는' 부부가 늘고 있다. '저출산'이 사회 문제로 대두되고 있지 않은가. 이 또한 본능이 망가진 것을 뒷받침하는 사례라고 볼 수 있다.

다시 한번 언급하지만 인간에게서 본능이 사라진 것은 아니다. 인간도 본능이 있다. 하지만 동물의 본능과는 확연히 다르다. 정신 분석학에서는 이를 '욕동欲動'이라고 부르고 동물의 본능과 구별한다.

자연에서 분리된 결과 인간은 성인이 될 때까지 상당히 오랜 시간이 걸린다. 곤충이나 물고기 등 하등 생물은 부모와 거의 동일한 모습으로 태어나 금세 자력으로 먹이를 잡는다. 하지만 포유류는 그렇지 않다. 한동안 어미에게 보호받으며 젖을 먹고 어느 정도 성장한 후에야 비로소 독립한다. 하지만 그조차도 인간의 성장 속도에 비하면 매우 빠르다. 혹시 말이 출산하는 모습을 본 적이 있는가? 말은 태어나서 1시간 정도 지나면 혼자 설 수 있다.

인간은 생물학적으로 미성숙한 어린 아기의 모습으로 태어나 적어도 생후 5~6년은 부모의 보호가 필요하다. 포유류 중에서도 자립성이 제일 부족한 생물이다. 가끔 부모가 자식에게 "너 혼자 큰 것 같지?", "너 혼자 컸다고 생각하면 오산이야!"라고 말하며 꾸짖는다. 이는 100퍼센트 맞는 말이다. 인간이 어엿한 성인으로 성장하려면 반드시 부모나 다른 사람의 돌봄이 필요하다.

부모에게 버려진 갓난아기가 다른 사람의 도움 없이 자력으로 살아남았다는 이야기는 들어본 적이 없다. 절대 있을 수 없는 일이다. 성인조차 혼자 살아갈 수 없지 않은가.

사랑 없는 고립과 고독의 늪에 빠지지 마라

인간은 자연에서 분리되어 '혼자 살 수 없는' 특수한 동물이 되었다. 인류의 진화 과정을 보면 발도 빠르지 않고 힘도 세지 않은 인류가 지금까지 살아남을 수 있었던 것은 집단생활 때문이다. 현재도 마찬가지다. 살아남기 위해 집단생활은 필수다.

은둔형 외톨이 중에 "나는 몇 년이나 누구와도 만난 적 없지만 이렇게 잘살고 있다."라고 말하는 사람도 있다. 그러나 무인도에서 혼자 사는 경우라면 몰라도 주변 사람의 노움 없이 절대 살 수 없다. 주변 사람 덕분에 다른 사람과 접촉하지 않고 살 수 있는 것뿐이다.

"고독이요? 저는 혼자 있어도 전혀 힘들지 않고 아무렇지 않아요!"라고 말하는 사람을 들여다보자. 그 역시 슈퍼마켓에서 장을 보고 식당에서 밥을 먹을 때 반드시 누군가와 접촉한다. 또한 그가 소비하는 쌀, 빵, 채소, 고기 등과 같은 식재료를 공급해 주는 생산자가 어딘가에 존재한다. 이처럼 인간은 혼자 사는 것처럼 보여도 어떤 형태로든 다른 사람과 관계 맺으면서 살아간다.

인간은 심리적, 정신적으로도 '혼자 살 수 없는' 존재이다. 바로 '의식의 작용' 때문이다.

> 인간에게는 이성이 부여되었다. 인간은 '자기 자신을 아는 생명'이다. 인간은 자기 자신을, 동료를, 자신의 과거를, 그리고 자기 미래의 가능성을 의식한다.

아프리카 황무지에서 고독하게 사는 퓨마가 외롭다고 느낄까? 전혀 느끼지 못한다. 하지만 인간은 자신의 고독을 '의식'한다. 이 또한 본능이 망가졌기 때문이다. 인간 이외의 동물은 자연과 합일을 이루지만 인간은 본능이 망가져 자연과 분리되고 말았다. 그로 인해 고독과 외로움에 고통받게 되었다.

인간은 끊임없이 의식한다—하나의 독립된 존재이고 인생은 짧고 자신의 의지와 상관없이 태어났으며 자신의 의지와 상관없이 죽는다. 사랑하는 사람보다 먼저 죽을 수도 있고 사랑하는 사람이 먼저 죽을 수도 있다. 인간은 고독하고 자연이나 사회의 힘 앞에서는 무력하다—라고. 이런 모든 것들로 인해 고립된 생활은 견딜 수 없는 감옥으로 변한다. 이 감옥에서 벗어나 외부 세계에 존재하는 다른 사람과 어떤 형태로든 접촉하지 않는 한 인간은 미쳐버릴 것이다.

우리가 다른 사람을 사랑하게 된 배경에는 '고립'과 '고독'의 불안이 존재한다.

이처럼 인간의 가장 절실한 욕구는 고립을 극복하고 고독이라는 감옥에서 벗어나려는 욕구다. 이와 같은 목적 달성에 '전면적으로' 실패하면 인간은 발광할 수밖에 없다. 왜냐하면 완전한 고립이라는 공포심을 극복하려면 고립감이 사라질 정도로 철저하게 외부 세계로부터 은둔할 수밖에 없기 때문이다. 이렇게 되면 외부 세계도 사라져 버린다.

프롬이 현대 사회의 '은둔형 외톨이' 문제를 알았을 리가 없다. 그럼에도 그 본질을 아주 날카롭게 꿰뚫고 있다. 은둔(칩거)하면 고독해지지만 실은 고독에서 벗어나기 위해 은둔하는 것이라고. 은둔하지 않으면 오히려 고독감에 짓눌려 고통스럽기 때문이다.

진탕 마시고 떠들어도 고독에서 벗어날 수 없다

인간은 원시 시대부터 '고독의 감옥'에서 벗어나려 다양한 방법을 시도했다. 그 예로 프롬은 원시 부족에서 관찰되는 '진탕 마시고 떠드는 상태'를 들었다. 미개 사회의 취락醉樂에서는 축제 의례로 마약을 사용한 의식이나 난교亂交 의식을 거행했다. 집단적 광희狂喜 상태에 빠짐으로써 고독을 해소하려 했다는 것이다.

시대 흐름에 따라 '진탕 마시고 떠드는 상태'는 서서히 감소하여 현대 도심에서는 왁자지껄하게 떠들고 즐기는 모습은 기의 사라졌다. 대신에 사람들은 알코올, 마약, 섹스에 빠지게 되었다.

그러나 이중 어느 것 하나 근본적인 해결책이 될 수 없다. 술을 마시고 아무리 취해도 이튿날이면 술에서 깬다. 전날 밤에 있었던 일이 떠올라 얼굴이 벌게지거나 죄책감을 느끼기도 한다. 마약도 평생 지속할 수 없다. 마약을 지속한다면 삶이 망가진다. 그럼 적당히 하면 될까? 오히려 투여량만 늘어갈 것이다. 충동적인 섹스도 후회만 남을 뿐이다.

왜냐하면 사랑이 없는 성행위로 남녀 사이에 놓인 암흑의 강에 다리를 놓을 수 없기 때문이다.

프롬은 술이나 마약, 섹스에 취하는 도취적 합일의 형태에는 세 가지 특징이 있다고 했다.

첫째, 강렬하고 때로는 격렬하다. 둘째, 정신과 육체, 인격 전체에서 일어난다. 셋째, 오래가지 못하고 일시적이고 주기적이라는 것이다.

원시 사회에 있었던 '진탕 마시고 떠드는 상태'는 현대 사회에서 목격하기 어렵다. 그렇다고 완전히 사라진 것도 아니다. 축구나 야구 경기를 열광적으로 응원하는 서포터 집단을 보면 알 수 있다. 사실 축구가 좋다면 굳이 여러 사람이 모여서 함께 응원할 필요까지 없다. 그런데도 어떤 집단에 소속되어 큰 소리로 응원하려 든다. 특히 요즘 젊은이들에게 이런 경향이 강하다. 직접 축구 경기장에 가서 응원하는 것이라면 그나마 납득할 수 있을 텐데 일부러 발 디딜 틈 없이 혼잡한 스포츠 바에 가서 프로젝터로 시합을 관전하면서 크게 웃고 떠든다. 최근에 핼러윈 복장을 하고 번화가에서 폭동이라도 일어난 것처럼 떠들썩하게 즐기던 젊은이들의 모습이 아직도 생생하다.

마음에도 없는 집단에 대한 동조는 외로움을 부르는 길이다

프롬은 고독에서 벗어나기 위한 두 번째 방법으로 '집단에 대한 동조'를 들었다. 모두 똑같은 유니폼을 입고 똑같은 노래를 부르고 똑같은 안무로 응원을 펼치는 등과 같은 집단 동조는 고독감을 극복하는 가장 일반적인 방법이라고 했다.

> 고립감을 극복하는 가장 일반적인 방법은 집단에 대한 동조다. 집단에 동조함으로써 개인의 자아는 거의 소멸하고 집단의 일원이 되는 것이 목적이 된다. 만일 내가 남과 같고 남과 다른 생각이나 다른 감정을 갖지 않고 습관, 복장, 생각의 측면에서 집단 전체에 동조하면 나는 구제받는다. 고독이라는 두려운 경험에서 구제받는 것이다.

과거와 현재에 있어 인간이 고립감을 극복하는 해결 방법으로 지금까지 가장 빈번하게 선택해 온 합일의 형태는 집단, 관습, 관례, 신앙에 대한 동조에 바탕을 둔 합일이다.

어쩌면 이런 경향은 개인주의 성향이 강한 서양보다 '획일 사회'에 가까운 동양에서 더 많이 나타나는 것 같다.

독재 국가와 민주 국가는 완벽하게 나뉘는 것은 아니다. 민주주의 체제에 기반을 둔 국가인데도 내부를 들여다보면 독재 체제에 가까운 나라도 있다. 독재 체제는 국민으로 하여금 국가 집단에 동조하도록 강요한다. 독재자가 위협과 협박으로 국민을 강제로 국가에 동조시킨다. 하지만 민주주의 사회에서는 집단에 동조하지 않는다고 비난하지 않는데도 다수가 국가에 동조한다. 사회 구성원 스스로 동조하기를 택하는 것이다. 고독이 두렵기 때문이다. 이들은 자기 행위의 정당성을 아래와 같이 설명한다.

나는 내 생각과 취향에 따라 행동하는 것이다, 나는 개인주의

자이고 나의 의견은 스스로 생각한 결과이며 이것이 다른 사람의 의견과 같을지라도 그것은 우연에 지나지 않는다.

프롬은 이를 환상에 불과하다고 지적했다. 자신의 의견과 모두의 의견이 일치하는 것은 우연이 아니라 고독을 두려워하는 자신이 동조하고 있기 때문이라고. 그러나 정작 본인은 그런 사실을 알아차리지 못한다.

인간은 고독이 두려워 '모두와 함께 있고 싶다'라고 원하면서도 '자신은 다른 사람과 다르다'라고 생각하고 싶어 한다. 패션에 민감하고 신경을 많이 쓰는 사람이라면 '다른 사람과 똑같은 옷은 입고 싶지 않다', '똑같은 자동차는 몰고 싶지 않다', '똑같은 핸드백은 들고 싶지 않다'라며 다른 사람과 '차이'를 두고자 분수에 맞지 않는 비싼 명품을 산다. 그런데 명품을 소유하는 사람들은 또 어떤 하나의 집단을 형성한다. 이를 아는 까닭에 명품을 사는 행위는 그 집단에 동조하고 싶은 것이다. '나는 이렇게 멋지고 세련된 집단의 일원'이라는 것을 증명하기 위함이다.

프롬은 '평등'이라는 개념도 주의해야 한다고 지적했다. 종교에서 평등은 '모든 인간은 유일무이하다'라는 의미이다. 계몽주의자도 사회주의 사상가도 "인간은 똑같으므로 인간이 인간을 이용해서는 안 된다."라고 주장했다.

그런데 현대 사회에서 평등은 '획일화'를 의미한다. 예를 들어 '남녀평등'을 생각해 보자. 그 자체로는 매우 바람직하다. 본래 '남과 여는 다양한 측면에서 다르지만 인간적으로 평등하다'라는 의미이다. 하지만 현대 사회에서는 '남자도 여자도 다르지 않다. 똑같다'라고 받아들인다. 즉 '남녀평등'이 '남녀 동일'의 의미가 되어 버렸다. 이처럼 현대 사회는 '비개성화된 평등'이 무분별하게 자리 잡고 있다.

> 현대 사회는 입자를 갖춘 원자와 같은 인간이 필요하다. 그러는 편이 수많은 사람을 모아도 마찰 없이 원활하게 일하도록 할 수 있기 때문이다. […] 현대 사회의 구조는 인간의 표준화를 필요로 한다. 그리고 그런 표준화를 '평등'이라고 한다.

이제 '집단에 대한 동조'와 '진탕 마시고 떠드는 상태'를 비교해 보자. 후자는 세 가지 특징이 있다. 첫째는 강렬하고 때로는 격렬하다는 것, 둘째는 정신과 육체, 인격 전체에서 일어난다는 것, 셋째는 오래가지 못하고 일시적이고 주기적이라는 것이다. 이와 대조적으로 '집단에 대한 동조'는 '온화하고 타성적이며, 육체에는 별로 효과적이지 않다'라는 특징이 있다. 현대 사회에서 목격되는 알코올, 마약, 섹스 중독으로 나타나는 '집단에 대한 동조'가 반드시 효과적이지는 않다는 것을 증명해 준다. 하지만 '오래 간다'라는 이점이 있기에 널리 확산되는 것이다.

'진탕 마시고 떠드는 상태'는 오래가지 않지만 이에 비하면 '집단에 대한 동조'는 오래 간다. 하지만 이 역시 평생 지속되는 것은 아니다. 일정 기간 고독에서 벗어난 것처럼 느껴져도 얼마 후 다시 고독한 자신으로 되돌아온다. 결국 근본적인 해결책이 될 수 없다. 왜냐하면 자기 의지가 적극적으로 관여한 것이 아니기 때문이다. 자유를 포기하고 아무 생각 없이 몰두한 행위일 뿐이다. 그로 인해 그 순간이 끝나면 다시 원래 상태(고독)로 되돌아간다.

'누군가와 연결되고 싶은 욕구'를 살펴보자. 나는 이 욕구에서 살짝 비정상적인 면을 엿보았다. 많은 젊은이가 한시도 손에서 스마트폰을 놓지 않는다. 트위터나 인스타그램, 카카오톡 등 소셜 네트워크에 방문해 누군가와 끊임없이 연락을 취하며 연결되기를 원한다. 그렇다고 이들이 진지한 소통을 나누는가? 그렇지도 않다. 점심에 무얼 먹었는지, 지금 어디에 있는지 등 대수롭지 않은 일상을 나눌 뿐이다. 자신이 누군가와 연결되어 있다는 것을 확인하고 안심하는 것이다.

카카오톡이나 라인 등 애플리케이션을 모르는 사람은 없다. 잘 알다시피 카카오톡에는 읽음표시 기능이 있다. 자신이 보낸 메시지를 상대편이 읽으면 메시지 옆에 표시되었던 숫자가 사라진다. 읽었다는 표시인데 이때 상대편이 곧바로 답을 보내지 않으면 '왜 답이 없는 거지?'라며 안절부절못한다. 이런 상황이 두려워 아무 의미도 없는 메시지를 상대와 계속 주고받았다는 경험담을 들은 적도 있다.

한편 상대방을 전혀 모르는데 메신저로 만나 성행위를 나누는 사람도 늘고 있다. 한순간의 연애 감정으로 몸을 섞고 일이 끝나면 서로 모르는 남남이 된다. 이후 다시 고독에 빠진다는 것을 뻔히 알면서도 순간의 만남을 반복하는 것이다.

이런 행동의 배경에는 인간과 인간을 이어주는 연결고리가 단절된 상황이 있다. 뿔뿔이 흩어지는 개별화의 시대가 열림으로써 이를 메워줄 '무언가'에 매달리고 싶은 절박함이 있는 것이 아니겠는가.

창조적인 활동에서 신선한 사랑이 싹튼다

프롬은 인간이 고독에서 벗어나기 위한 세 번째 방법으로 '창조적 활동'을 들었다. 목공이 책상을 만들거나 농부가 농사를 짓거나 화가가 그림을 그리는 등 인간이 외부 세계를 창조하며 소재와 합일(결합)을 이루는 것은 고독에서 벗어나려는 행위라는 것이다. 실제로 일(노동)하는 순간은 타인과 관계를 맺지 않더라도 고독을 잊어버린다. 또한 무언가를 만드는 행위는 고독감을 낮추고 기쁨과 성취감에 이르게 해준다.

다만 프롬은 모든 일(노동)이 고독에서 벗어나는 데 유효하다고 생각하지는 않았다. 다음과 같은 조건을 붙였다.

다만 이것은 생산적인 일, 즉 '내'가 계획하고 생산하고 자기 눈으로 일의 결과를 볼 수 있는 일에만 해당한다. 끝이 보이지 않는 컨베이어 벨트 위에 노동자가 올라타고 있는 것과 같은 현대 사회의 노동 시스템에서 이런 노동 대상과 합일(결합)은 전혀 찾아볼 수 없다.

노동자는 기계나 사회 조직의 부속물과 같은 존재가 된 것이다. 노동자는 본래의 자신이 아니다. 따라서 동조 이상의 합일(결합)은 결코 얻을 수 없다.

과거 우리는 농작물이든 생필품이든 직접 만들어 내다 팔며 그것을 산 사람이 만족해하는 모습에서 노동의 참 보람을 느꼈다. 그러나 산업혁명 이후 합리화와 분업화가 진행된 채 상품의 일부 부속품을 만드는 작업만 맡는다. 하나의 제품을 만들어냈다는 성취감도 없다. 그저 조직의 일부만 담당할 뿐이다. 그로 인해 노동은 그저 돈을 벌기 위한 수단으로 전락하고 말았다. 이런 노동은 인간의 고독을 치유하지 못한다고 프롬은 단언한다. 이에 대해서는 5장에서 자세히 설명하겠다.

인간이 고독에서 벗어나기 위한 수단으로 프롬은 '진탕 마시고 떠드는 상태', '집단에 대한 동조', '창조적 활동' 이렇게 세 가지를 들었다. 하지만 고독에서 벗어날 근본적인 해결책은 여기에 존재하지 않는다고 말한다. 그렇다면 도대체 인간은 어떻게 고독의 불안에서 벗어날 수 있을까? 프롬의 대답을 들어보자.

> 생산적 활동에서 얻을 수 있는 합일은 인간끼리의 합일이 아니다. 진탕 마시고 떠드는 융합에서 얻을 수 있는 합일은 일시적이다. 집단에 대한 동조에서 얻을 수 있는 합일은 거짓된 합일에 지나지 않는다. 완전한 해답은 인간끼리의 합일, 다른 사람과의 융합 즉 사랑에서 찾을 수 있다.

자신 이외의 다른 사람과 융합하고 싶은 욕망은 인간의 가장 강력한 욕망이다. 그것은 가장 근원적인 열정이고 이 욕망이야말로 일류를, 집단을, 가족을, 사회를 결합하는 힘이다. 융합을 달성하지 못하면 인간은 발광하거나 파멸하고 만다. 스스로 파멸하기도 하고 다른 사람을 파멸시키기도 한다. 이 세상에 사랑이 없다면 인류는 단 하루도 존재할 수 없다.

고독에서 벗어나고 싶다, 다른 사람과 융합하고 싶다는 욕망을 어떻게 만족시킬 것인가? 이 물음의 답은 바로 '사랑'에 있다.

어쩔 수 없는 관계의 사랑은 압박이 된다

프롬에 따르면 사랑은 '진실한 사랑'과 '그렇지 않은 사랑'으로 나뉜다. 성숙한 사랑이 있는가 하면 '공서적共棲的 결합'이라고 불러야 하는 미성숙한 사랑도 있다는 것이다. '공서적 결합'이란 쉽게 설명하면 산모와 태아의 관계다. 산모와 태아는 둘이면서 동시에 하나로 '합일'을 이루고 있다.

이 둘은 서로를 필요로 하고 떨어져서는 살 수 없는 관계다. 생명 유지를 위해 필요한 영양분을 산모로부터 취한다는 점에서 태아에게 엄마(산모)는 세상 전부다. 우주와도 같은 존재다. 한편 태아에게 영양분을 주는 산모는 태아를 자신의 소중한 보람으로 여긴다.

이와 같은 모자 관계는 지배sadism(사디즘)와 복종masochism(마조히즘)의 관계와 닮았다. '사디'나 '마조'하면 변태 성욕을 떠올리는데 여기서는 육체가 아니라 정신적 관계성을 말한다. 사디스트는 마조히스트를 일방적으로 괴롭히고 복종시키지만 이 둘의 사이에는 불가사의한 공존의 관계가 성립한다.

마조히스트는 단순히 신체적, 정신적 가학을 좋아하는 것이 아니다. 자신에게 지시하고 명령하고 보호해 주는 인물의 일부가 되는 상황을 쾌락으로 즐긴다. 완벽하게 상대방의 의지意志에 따라 행동하면 고독에서 해방되며 스스로 의사 결정을 내리지 않아도 된다. 생각하지 않아도 된다는 것 자체가 마조히스트에게는 즐거움이다.

한편 사디스트는 자신이 숭배하는 다른 사람을 흡수해 고독에서 해방된다. 또한 복종한 사람을 자신의 수하로 부림으로써 자신을 영향력을 확대하고 강화하며 만족을 얻는다. 즉 마조히스트는 사디스트에게 의존하고 사디스트는 마조히스트에게 의존하는 공존 관계가 성립하는 것이다. 얼핏 지배하는 쪽과 복종하는 쪽이 자석의 양극처럼 전혀 다른 방향을 향하는 것처럼 보인다. 하지만 둘 다 고독에서 벗어나길 원하고 그러기 위해 상대방이 필요하다는 점에서 같은 위치에 있다.

최근 들어 뉴스에서 자주 접하게 되는 배우자 폭력(혹은 데이트 폭력)이나 나쁜 남자에게 끌리는 여성도 어떤 의미에서는 이와 비슷하다. 심각성을 잘 모르는 사람도 있는데 이는 사회적으로 매우 큰 문제다. 일본 내각부가 발표한 2017년 자료에 따르면 배우자 폭력 상담 지원 센터에 접수된 상담 건수가 무려 10만 건이 넘고, 경찰에 신고 접수된 건수도 7만 건 이상이다. 그리고 가정폭력 피해자를 위한 임시 보호 센터에서 보호받은 여성은 무려 1만 명에 달한다.

또한 스무 살 이상의 남녀 5천 명을 대상으로 한 설문 조사에서는 배우자나 애인으로부터 '신체적 폭력', '심리적 공격', '경제적 압박', '성행위 강요'를 받았다고 답한 사람이 무려 30퍼센트 이상이었다. 세 명 중 한 명꼴로 가정폭력이나 데이트 폭력에 노출되는 셈이다. 그러나 거의 밀실에서 일어나 외부로 알려지지 않기 때문에 더욱 심각한 문제의 상황이 된다.

폭력적인 남성을 혐오하면서도 연을 끊거나 도망치지 못하는 여성도 있다. 이런 경우는 '내가 없으면 이 남자는 분명히 망가지고 말 것이다'라고 생각하기 때문이다. 상대방과의 합일이 실현된다는 의미에서 이런 지배와 복종의 관계(공서적 결합)를 '사랑'이라고 착각하기 쉽다. 그러나 모든 것을 타인에게 주거나 반대로 타인의 모든 것을 지배하려는 관계는 결코 건전한 합일이 아니다.

프롬은 이런 지배와 복종의 관계는 매우 위험하다고 전했다. 《자유로부터의 도피》에서 언급한 대로 당시 독일은 거대한 권위에 복종하는 쪽과 민중을 지배하는 쪽으로 양분되는 구조로 흘러갔다. 근대화가 진행되면서 개개인으로 뿔뿔이 흩어졌는데 고독의 불안을 느낀 민중은 스스로 자유를 포기하고 누군가를 따르는 편이 낫다고 판단했다. 이때 타인을 지배하는 데 보람을 느끼는 성격의 소유자가 등장한 것이다.

프롬은 《자유로부터의 도피》의 '나치즘 심리'에서 히틀러의 인격을 권위주의적 성격 구조의 극단적인 유형이라고 분석했다. 사디즘적 행동과 마조히즘적 행동을 동시에 가진 존재였기 때문이다. 그런 그를 많든 적든 동일한 성격 구조를 가진 민중이 지지했던 것이다.

'생산적 성격'과 '비생산적 성격'

프롬은 《자유로부터의 도피》에서는 사람들이 자기 자신에게서 또는 자유로부터 도피하고 있는 것을 분석했다. 이 책의 속편인 《자립적 인간》에서는 자기 자신이나 자신의 자유를 어떻게 획득할 수 있는지 고찰했다. 다소 복잡한 내용이지만 현대 사회에서 진정한 사랑의 형태를 이해하려면 반드시 알아야 하므로 잠시 살펴보자.

《자립적 인간》에서 프롬은 인간의 성격을 두 가지 유형으로 분류했다. 하나는 '생산적 성격(사랑의 본질을 낳는 자세)'이고 다른 하나는 '비생산적 성격(잘못된 사랑을 낳는 자세)'이다.

여기서 비생산적 성격은 '수용형', '착취형', '축적형', '시장형'으로 세분된다. '수용형'이란 마조히스트로 수동적이고 복종적인 성향이 강한 성격을 말한다. '착취형'이란 스스로 아무것도 생산하지 못하고 자신의 권력과 교묘함을 이용해 타인에게 이익을 착취하려 사람이다. '축적형'은 소유가 유일한 삶의 기쁨으로 인간의 활동이나 관계성보다 질서나 안전을 중시하는 보수적인 성격이다. 마지막으로 '시장형'은 자본주의 시장 원리에 따르므로 오로지 '교환' 원칙만을 고수한다. 이렇게 네 가지 성격은 잘못된 사랑의 형태를 낳는 '비생산적 성격'이다. 이들의 공통점은 자기 스스로 아무것도 생산하지 않고 남에게 받는 것만 생각한다는 것이다.

모든 사람은 생산적인 능력을 갖추고 있다. 스스로 무언가를 만들어내고 발신하며 그것의 가치를 점차 높여나간다. 여기서 생산성 혹은 비생산성 하면 물질적인 것을 떠올리게 마련인데 프롬은 정신적인 영역에서 말했다. 현재 상황에 만족하고 안주하는 것이 아니라 보다 나은 삶을 위해 또는 행복을 위해 어떻게 하면 좋을지 고민하고 스스로 더 높은 수준을 지향해 나가는 삶의 방식이다. 이를 위해서 반드시 필요한 조건이 '사랑'이다.

프롬이 《자립적 인간》에서 제시한 성격

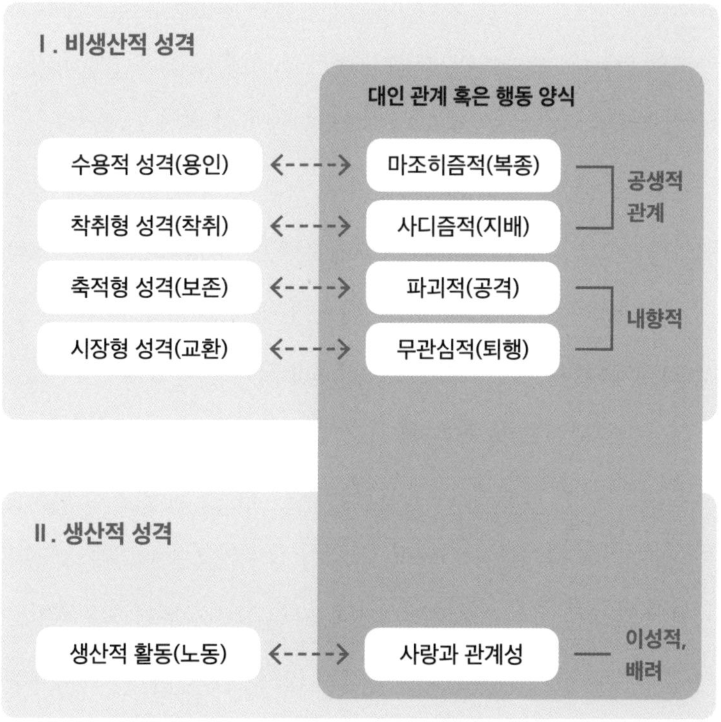

1장에서 자본주의 사회를 살아가는 우리는 유익한 거래를 원한다고 했다. 자본주의는 '교환'을 토대로 성립되었다. 우리는 일하고 월급을 받는다. 즉 노동을 돈과 교환한다. 또한 음식과 교환하기도 하고 집과 교환하는 등 자본주의 사회는 교환에 의해 굴러간다.

인류의 기원까지 거슬러 올라가면 '교환'을 통해 인간은 인간이 되었다는 설이 있다. 그렇다면 교환은 어떻게 생겨난 것일까? 산에 사는 사람은 열매를 따오고 바다 근처에 사는 사람은 생선을 잡아 서로 맞바꾸는 등가 교환으로 경제가 시작된 것일까?

사실 교환은 '증여', 즉 다른 사람에게 무언가를 '주는 것'에서 시작되었다. 다른 사람에게 무언가를 받은 사람은 언젠가 그에 상응하는 '보답'을 하기에 여기에서 '교환'이 생겨난 것이다. '빼앗는 것'에서는 절대 교환이 시작될 수 없다. 타인에게서 무언가를 빼앗으면 절대 상응하는 무엇으로 보답하지 않기 때문이다. 이를 확대해 생각하면 사랑도 '주는 것'부터 시작하지 않으면 올바른 의미의 사랑은 시작되지 않는다는 것이다.

진정한 사랑에 의문을 품어라

'비생산적 성격'을 '받는 것만 생각하는 성격'이라고 정의한다면 현재 사회는 그야말로 비생산적인 사람들로 넘쳐난다. '사랑하기'보다 '사랑받고' 싶은 사람이 늘고 있기 때문이다.

이들은 사랑받고 싶다면서 상대방의 내면 깊숙이 들어가려 하지 않는다. 상대방 또한 자신에게 그렇게 해주길 바란다. 스마트폰을 손에서 놓지 못하는 이유가 누군가와 연결되고 싶지만 '살아 있는 다른 사람과는 되도록 직접 대면하고 싶지 않은 마음'이 어딘가에 자리하고 있기 때문이다. 실제로 메일이나 소셜 네트워크로 메시지를 주고받으면 직접 만나지 않아도 연결된 것처럼 느껴져 안심할 수 있다. 비혼非婚, 불혼不婚의 증가는 경제적인 이유도 있지만 타인과 소통하는 과정에서 신체적인 접촉이 거의 이루어지지 않고 있는 것이 원인일 수도 있다. 사람을 만날 기회가 적어지니 스스로 결혼해서 한 공간에 살며 상대에게 책임을 다하는 것을 부담스러워하는 것이다.

물질적인 풍요와 정보의 홍수로 사람들은 각자 자신만의 취미와 라이프 스타일을 갖게 되었다. 그로 인해 누군가에게 얽매이고 싶지 않다는 바람이 생겼다. 즉 개인주의 시대, 달리 표현하면 자신이 가장 소중한 시대로 변질된 것이다.

이는 젊은 층에만 국한하지 않는다. 윗세대도 마찬가지다. 일본은 거품 경제기에 이런 경향이 특히 두드러졌다. 고급 레스토랑에서 코스 요리를 즐기거나 값비싼 선물을 주어야만 사랑의 깊이를 증명한다고 여겨졌다. 그 물질의 교환으로 상대에게 당당하게 섹스를 요구했다. '사랑'과 '물선'을 혼동한 것이다. 따라서 자본주의 경제에 흠뻑 빠져있는 지금의 사회에서 '사랑의 본질'은 찾아보기 힘들게 되었다.

이에 대한 반동 여파로 '물질적인 풍요만이 인간의 행복이 아니다. 80년대에는 가난했지만 진정한 사랑이 존재했다. "그 시절을 다시 한번!"이라고 외치는 사람이 최근 늘고 있다. 그러나 이 구호가 진정한 사랑의 실체를 경험하지 못한 세대에게 과연 통할까? 중년 아저씨가 그저 옛 추억과 향수가 불러온 소리에 불과하다고 생각할지 모른다.

또한 '로스트 제너레이션Lost Generation(잃어버린 세대)'이라고 불리는 지금의 젊은이들에게 "부자가 되었다고 반드시 행복한 것은 아니다."라고 말한들 이해하지 못한다. 이들은 한 번도 부자가 되어본 적이 없기 때문이다. 어제보다 오늘이, 오늘보다 내일이 풍요로워질 것이라 믿었던 상향 지향적인 시대는 이제 막을 내리고, 최근 20년 동안 '잃어버린 20년'이라고 불리는 하향 지향적인 시대가 지속되었다.

지금의 일본 젊은이들은 태어나서 지금까지 하향 지향적인 시대를 살아왔다. 그러니 중년의 아저씨가 아무리 "찬란했던 시절을 다시 한번!"이라고 떠들어댄들 피부로 와 닿지 않을 것이다.

하지만 이를 뒤집어 생각하면 좋은 징후이다. 거품 경제 이후의 세대는 돈의 위력을 모르는 만큼 다른 것에서 새로운 가치를 찾아

낼 가능성이 높기 때문이다. 컴퓨터 게임이나 즐기고 스마트폰으로 피상적인 친구를 사귀는 등 내향적인 방향으로 흘러가는 것처럼 보여도 사고방식과 가치관을 전환하면 돈의 구애를 받지 않은 세대이기에 진정한 사랑의 방향으로 충분히 나아갈 수 있다.

이때를 대비해 "진정한 사랑이란 무엇인가?"에 대해 제대로 알아야 한다. 사랑의 본질을 깨닫기 위해서는 잘못된 형태의 사랑을 먼저 살펴볼 필요가 있다. 프롬이 사랑의 이론을 설명할 때 제일 먼저 잘못된 사랑, 즉 '비생산적 성격'에 주목한 이유도 여기에 있다.

성숙한 사랑은 둘로 쪼개지지 않는다

프롬은 '성숙한 사랑'이야말로 진정한 사랑이라고 했다. 그렇다면 '성숙한 사랑'이란 무엇일까?

'성숙한 사랑'은 '자신의 전체성과 개성을 유지한 상태에서의 결합'이다. 사랑은 '인간에게 능동적인 힘'을 제공한다. 타인과 분리된 벽을 허무는 힘이고 타인과 결합하는 힘이다. 사랑으로 인간은 고독감과 고립감을 극복하고 각자 자신의 특성을 유지하면서 자신의 전체성을 잃지 않는다. 사랑에서는 두 사람이 하나가 되면서도 둘로 존재할 수 있다는 역설이 일어난다.

여기서 중요한 것은 둘이 하나가 되면서도 각자가 독립된 존재로 있을 수 있다는 점이다. 앞에서 언급했듯 프롬은 사디스트와 마조히스트의 관계, 즉 지배와 복종의 관계가 합일이기는 하나 진정한 사랑은 아니라고 부정했는데 그 이유를 여기서 찾을 수 있다. 어느 한쪽의 개성을 몰살하는 것이 아니라 각자 자신을 잃어버리지 않으면서 합일에 이르는 것을 '성숙한 사랑'으로 본 것이다.

고대 그리스의 철학자 플라톤이 쓴 대화편 《향연Symposion》을 읽어보면 사랑의 발생에 관한 신화가 나온다. 플라톤보다 훨씬 앞선 시대부터 전해져 내려오는 유명한 신화다. 여기에 간략하게 소개한다.

> 머나먼 옛날, 인간은 둥근 형태로 원형을 이루며 손이 네 개, 다리가 네 개, 원통 모양의 목 위에 두 개의 닮은 얼굴로 살았다. 이런 인간들이 힘도 좋고 야심이 넘쳐 신들에게 덤비려 하자, 제우스는 그들의 거만함을 용인할 수 없다며 각각 둘로 쪼개버렸다.
> 이때 반으로 찢긴 인간은 쪼개진 자신의 반쪽을 찾는 데 온통 마음

을 빼앗겼다. 이런 감정을 사랑이라고 한다.

-《향연》 중에서-

하지만 프롬의 생각은 이와 달랐다. 인간은 결코 '둘로 쪼개진 조각'이 아니라는 것이다. 한 명의 인간으로서 독립적일 뿐 상대와 합일로 완전해지는 것이 아니라고 했다.

'독립적이면서 타인과 합일'한다는 모순된 현상이 바로 프롬이 말하는 사랑이다. 우리가 알다시피 독립된 인간인 채로 완전한 성장은 기대할 수 없다. 독립을 유지하되 타인과 합일할 때 성장할 수 있다는 의미이다.

머리로는 납득이 가도 현실은 간단하지 않다. 자기 생각과 상대방의 생각이 다르기에 정신적인 합일을 이루려 한다면 서로 부딪힐 수밖에 없다. 이렇게 되면 우리는 자신을 억누르고 상대방에게 동조하려고 하거나 이와 반대로 상대방에게 억지로 자신의 의견을 따르라고 강요하기 급급하다.

그로 인해 앞에서 언급했던 바와 같이 '지배와 복종의 관계'로 흘러갈 가능성이 크다. 그러나 둘 사이에 진정한 사랑이 존재한다면 서로 개성을 잃지 않으면서 합일에 이를 수 있다. 바로 이것이 프롬의 '사랑론'이다.

사랑은 수동적이 아니라 능동적이다

앞에서 프롬은 '사랑은 인간에게 능동적인 힘'이라고 했다. 프롬은 이 '능동적인 힘'을 이렇게도 표현했다.

사랑은 능동적인 활동이며 수동적인 감정이 아니다. 사랑에 '빠지는 것'이 아니라 '스스로 관여하는 것'이다. 사랑의 능동적인 성격을 이해하기 쉽게 표현하자면 사랑은 '주는 것'이지 '받는 것'이 아니라고 할 수 있다.

'사랑은 받는 것보다 하는 것이 중요하다', '받기보다 주자'라는 내용은 지금까지 여러 번 언급했다. 프롬은 여기서도 이를 반복해서 말한다.

그렇다면 '주는 것'이 중요한 이유는 무엇일까? '준다'라는 말을 곰곰이 생각해 보면 애매모호하고 복잡하다. 주는 사람의 입장이나 성격에 따라 그 의미가 다양하게 변하기 때문이다.

대개 '준다'라는 내 것을 '잃는' 것을 의미한다. 그러니까 뭔가를 받는다, 축적한다, 증가한다는 것과는 반대이다. 그러니까 '주는 것'은 '잃는다', '희생한다'와 같다. 그래서일까. 비즈니스 측면에서 주는 행위에는 보답을 바라는 기대가 반드시 포함된다.

한편 '주는 것'은 '희생을 치르는 것'이기에 아름다운 행위로 여기는 사람도 있다. 이런 사람은 "주는 것은 고통이므로 더욱 나눠줘야 한다."라고 말한다. 이는 미덕이 아니다. 알고 보면 이런 사람의 마음에는 '나는 박탈을 견디며 다른 사람을 위해 최선을 다한다'라는 자기희생적인 나르시시즘이 자리하고 있다.

프롬은 보답이나 답례를 기대하거나 나르시시즘이 반영된 행위는 진정한 의미의 사랑으로 볼 수 없다고 부정했다. 참고로 사랑을 주는 행위는 개인과 개인 사이에만 일어나지 않는다. 기업의 사회적 공헌도 포함된다. 미국이나 유럽에서는 막대한 부를 축적한 기업이 장학금 제도를 마련하거나 개발도상국에 개발 자금을 지원하는 등 사회 공헌 사업을 널리 시행하고 있다. 우리나라에도 사회 공헌에 적극적으로 힘써온 기업이 꽤 많다.

이를 감안하면 현대 사회에서 '주는' 행위가 뿌리 깊게 정착되었을 법도 한데 최근 기업들의 행태를 보면 왠지 모르게 씁쓸하기만 하다. 세계를 강타한 경제난 탓일까? 안타깝게도 지금은 사회를 위해 공헌하겠다는 사고방식 자체가 점차 사라지는 듯하다.

혹시 '트리클 다운Trickle Down(낙수효과)'을 아는가? 큰 나무에 내린 비가 이슬로 바뀌어 주변의 작은 나무와 풀을 적시는 것을 말한다. 대기업이나 창업가가 부를 축적하면 그 이익이 주변에 파급되고, 그 결과 국민 전체가 혜택을 입는다는 이론이다. 그동안 이 이론을 믿어온 사람도 많은데 실제로 이런 효과는 일어나지 않는다는 사실이 증명되었다.

뉴스 기사만 봐도 IT 기업의 젊은 창업가는 다 쓸 수 없을 만큼 막대한 부를 소유하면서도 '준다'라는 발상 자체가 없다. 그들은 고가의 예술품 수집 등에 몇억씩 쏟아붓고 있지 않는가? 주변 사람에게 이익을 배분하겠다는 발상이 전혀 없고 오로지 모든 이익을 혼자 독식하려는 부유층이 많다. 물론 사회 공헌에 힘쓰는 새로운 기업도 있기는 하다. 하지만 안타깝게도 대부분 홍보용이다. 기업의 사회적 책임CSR, coporation social responsibility을 다하고 있다는 이미지를 외부에 알려 기업의 가치를 높이고 주가를 올리려는 목적이다. 이 역시 보답을 기대하는 측면에서 진정한 의미의 '주는' 행위가 아니다.

사랑을 줄 때
사랑이 꽃을 핀다

프롬은 《사랑의 기술》에서 '주는 것'의 중요성을 반복하고 강조한다. 그렇다면 도대체 무엇을 '준다'는 것일까?

그는 '자신의 생명'을 주는 것이라고 단언한다. 물론 그가 말하는 생명은 '목숨'이 아니다. 사랑하는 사람을 위해 희생하거나 목숨을 바치라는 의미가 아니다. '자신 속에 살아 숨 쉬는 것', 즉 '자신의 기쁨, 관심, 이해, 지식, 유머, 슬픔 등 자신의 살아 있는 표현과 현시顯示를 주는 것'이 사랑이라고 말한다.

자꾸 '준다'라고 하는데 무슨 뜻인지 감이 잘 안 오는 사람도 많을 것이다. '준다'라고 하면 '물건을 준다'라고 생각하기 때문이다. 하지만 사랑에서 상대방에게 주는 것은 '물건'이 아니다. 가령 애인에게 주는 값비싼 다이아몬드와 사랑은 전혀 관계가 없다.

자신의 생명을 줌으로써 그 사람은 타인을 풍요롭게 만들고 자신의 생동감을 높임으로써 타인의 생동감을 고양한다. [⋯] 주는 행위로 무언가가 탄생하고 주는 자도 받는 자도 서로를 위해 탄생한 생명에 감사한다. 특히 사랑을 말하자면 사랑은 사랑을 일으키는 힘이고 사랑할 수 없다는 것은 사랑을 일으키는 능력이 없다는 뜻이다.

이제 어렴풋이 알겠는가? 사랑은 '주는' 행위로 무언가를 탄생시키는 것이다. 그 무언가가 또한 '사랑'이다. 사랑이란 처음부터 자기 안에 있었던 것이 아니라 상대와 관계 맺음에서 탄생한다. 그러려면 앞에서 언급했던 '생산적 성격'이 필요하다.

뜬금없지만 "남을 위해 좋은 일을 해라. 틀림없이 당신에게 돌아온다."라는 속담이 있다. '남에게 은혜를 베풀면 결국 돌고 돌아서 자신에게 덕으로 온다'라는 뜻이다. 프롬도 이와 비슷한 이야기를 하고 있다. '준다'라는 행위는 '받기 위해서 주는 것'이 아니며 주는 것 자체가 기쁨이라는 것이다.

줌으로써 반드시 다른 사람에게 무언가 탄생하고 그렇게 탄생한 것은 자신에게 되돌아온다. 참으로 주면 반드시 무언가를 받게 된다. 준다는 것은 다른 사람을 주는 자로 만드는 것이며, 상대방에게 싹트게 한 것에서 얻는 기쁨을 함께 나누는 것을 의미한다.

많은 이가 '자신을 행복하게 해주는 상대'를 찾는다. 이는 자신이 '받는 것'에만 관심을 두기 때문이다. 반대로 상대를 행복하게 해주고 싶다면 우리는 반드시 어떤 행동을 취하게 된다. 아무 행동도 하지 않고 상대방을 행복하게 해줄 수는 없다. 이때 어떤 행동을 취하는 것, 이것이 바로 '준다는 것'이다. 그러려면 '생산적'이고 '능동적'인 행동이 앞서야 한다.

또한 생산적이고 능동적으로 사고가 발달해야 한다. '준다'라는 행위는 태생적인 것이 아니다. 이에 대해서는 4장 '부모와 자식의 사랑'에서 자세하게 설명하겠다.

사랑에도
필요한 요건이 있다

프롬은 '주는 것'에 이어 모든 형태의 사랑에서 공통으로 발견되는 '능동적 성질'을 설명했다. 능동적 성질이란 '배려', '책임', '존중', '지식(이해)' 네 가지를 말한다.

가장 기본인 '배려'부터 살펴보자. 간단하게 설명하면 배려는 상대방의 기분이나 상황을 이해하는 것, 즉 타인에게 관심을 기울이고 신경을 쓰는 것이다. 배려가 없다면 인간관계는 성립되지 않는다. 누군가를 좋아하면 상대에게 신경이 쓰이고 '무얼 하면 기뻐하고 무얼 하면 싫어하는지' 알려고 한다. 그런데 나르시시즘이 강한 사람은 그런 생각을 하지 않는다. 자기중심적으로 사고하기 때문이다.

배려를 위한 물밑 작업으로 '상대방이 지금 행복한지 불행한지'

를 가늠하는 상상력이 필요하다. 상대의 기분을 상상하고 자신이 어떻게 행동하면 좋을지를 생각해야 한다. 아무리 입으로 '사랑한다'해도 그 사람의 행동에 배려와 관심이 없다면 그 사랑은 믿을 수 없다.

> 만일 어떤 여성이 꽃을 사랑한다고 말하면서 꽃에 물을 주는 것을 잊어버린다면 우리는 꽃에 대한 그녀의 '사랑'을 믿을 수 없다.

두 번째는 '책임'이다. 일반적으로 책임은 상대에 대한 의무 혹은 외부로부터 부여된 것이라고 이해한다. 하지만 프롬이 말하는 책임은 그것이 아니다.

> 참된 의미에서 책임은 전적으로 자발적인 행위다. 책임이란 다른 사람이 겉으로 표현하든 표현하지 않든 무언가를 요구할 때 나의 반응이다. '책임을 진다'라는 것은 타인의 요구에 응답할

수 있고 응답할 준비가 되어 있다는 의미다.

지금 시대에 사회적으로 가장 결여된 성격이 책임이지 않을까. 결혼 혹은 평생 지속 가능한 관계를 구축하려면 책임이 따른다. 교제를 시작하고 얼마 되지 않아 이별하는 커플이 많은 이유는 아마도 '책임이 뒤따르니 귀찮다'라는 생각 때문일 것이다. 두 사람이 사귀든 결혼해서 가정을 꾸리든 각자 참고 인내해야 하는 일이 생긴다. 이를 받아들이는 것이 진정한 사랑이다. 그런데 요즘 젊은이들은 자신이 인내하고 참아야 할 정도라면 차라리 결혼하지 않는 편이 낫다고 생각하는 듯하다. 이런 경향은 앞으로도 더더욱 두드러질 것으로 보인다.

세 번째는 '존중'이다. 상대방을 일방적으로 치켜세우거나 숭배하는 것이 아니라 상대방도 독립된 한 명의 인간이며 소중한 존재임을 인정하는 것이다. 자신이 인간으로서 성장하길 바라는 동시에 상대도 인간으로서 성장하길 바라는 마음을 갖는 것이 존중이다. 상대를 자기 방식대로 변화시키려 하거나 조종하려는 사람은 '존중'을 모르는 것이다.

결혼식 축사나 덕담으로 '서로 함께 성장하고 행복할 수 있는 가정을 꾸리라'고 하는데 여기서 말하는 '서로'라는 인식이 중요하다. 일방통행이 아니라 둘이 서로를 배려하고 존중하는 마음이다. 서로 존중하면 감정 충돌이나 의견 차이가 발생해도 이를 극복할 수 있다.

요약하자면 '존중'이란 상대를 한 명의 독립된 인격체로 소중히 여기는 것이다. 그러기 위해서는 먼저 자신이 자립해야 한다. 상대방에게 기대고 의존하려는 사람은 상대방을 존중하지 않는 것과 같다. 자칫 잘못하면 앞서 언급했던 공서적 합일, 사디즘과 마조히즘의 관계에 빠질 수 있다.

네 번째는 '지식(이해)'이다. 상대방을 이해하는 것뿐만 아니라 자신을 안다는 의미도 포함한다. 심리학에서는 '타인은 자신을 비추는 거울'이라고 한다. 상대방의 눈동자를 들여다보면 그 안에 자신의 모습이 비치기 때문이다. 또한 스스로 자신을 속속들이 알고 있는 것 같지만 온갖 노력을 기울여도 자신을 모두 알지 못한다. 타인과 관계를 맺음으로써 비로소 자기 자신이 보이기 시작한다.

쉽게 설명하면 상대가 기뻐하면 자신의 언행이 바람직했다는 것을 알 수 있다. 반대로 상대방이 슬퍼하면 자신의 언행이 그에게 상처를 줬다는 것을 안다. 이렇게 우리는 타인의 몸짓이나 행동, 표정을 관찰함으로써 근거를 찾고 그것을 자신에게 투영해 자신의 결점이나 장점을 파악한다.

우리는 각자 서로 다른 개성이 지니고 있다. 하지만 하나의 문화권에 사는 사람들은 정신 구조나 사고관이 비슷해진다. 한 사람 한 사람이 전혀 다른 생물이라면 행동 분석이나 정신 분석이라는 학문은 존재할 수 없다. '인간은 누구나 이런 존재다'라는 공통적인 전제가 있기에 이론을 구축하고 비교하여 제시되는 것이다.

인간의 내면이나 사고 회로에는 반드시 보편적인 것이 존재한다. 따라서 타인을 깊이 알면 자신을 아는 것이며 인류를 이해하게 된다. 이는 최종적으로 '인간을 발견하는 것'과 같다.

생산적 사랑'의 특징 네 가지 기본 요소

↓

요소 1. 배려
상대방의 생명과 성장을 적극적으로 관심 갖는 것

요소 2. 책임
상대방의 요구에 응할 수 있고 응할 마음이 있는 것

요소 3. 존중
상대방이 그 사람답게 성장하고 발전할 수 있도록 신경 쓰는 것

요소 4. 지식(이해)
상대의 입장에서 그 사람을 바라보고 그 사람을 아는 것

↓

이러한 사랑의 행위에서, 곧 나 자신을 주고 다른 사람에게 침투하는 행위에서 나는 나 자신을, 상대방과 나 자신을, 그리고 인간을 발견한다.

여기까지 프롬이 사랑을 위해 필요하다고 전제한 네 가지를 알아보았다. '그런 건 이미 알고 있었다'. '너무 일반적'이라는 사람도 있을 것이다. 그런데 머리로는 이해해도 실천하기가 어렵다. 모든 사람이 이 네 가지를 완벽하게 실천할 수 있다면 걱정과 우려로 점철된 지금의 현대 사회는 도래하지 않았을 것이다. 프롬이 "사랑은 배워야 한다."라고 주장한 이유도 당연한 것을 잊고 사는 현대인에게 경각심을 주기 위함이지 않을까.

4장

사랑이 시작되는 순간

The Art of Loving

1장에서 인용했던 《사랑의 기술》을 다시 떠올려 보자. 프롬은 "사랑이란 그 사람의 성숙도와 관계없이 누구나 탐닉하는 감정이 아니다."라고 말했다. '사랑하는 능력은 누구나 가지고 태어나는 능력이 아니다. 사랑은 기술이며 습득할 필요'가 있다는 뜻이다. 그렇다면 사랑하는 능력은 어디에서 얻을 수 있을까? 이를 알려면 우리의 탄생 순간으로 거슬러 올라가야 한다.

사랑의 기원은 모성애다

엄마 뱃속의 태아는 탯줄로 엄마와 연결되어 있다. 탯줄이 끊기는 순간, 태아는 물리적으로 신체적으로 엄마로부터 분리된다. 그러나 태어난 아기는 그런 상황을 이해하지 못한다.

자신이 태어난 순간을 기억하는 사람은 없다. 기억을 더듬더듬 잘 거슬러 올라가 봤자 고작 세 살 이후의 기억 정도다. 다만 우린 신기하게도 다른 사람에게 "너는 태어날 때 이랬단다, 저랬단다."라는 말을 반복적으로 들으면 마치 기억나는 듯한 착각에 빠진다. 간혹 엄마 뱃속에 있을 때나 전생을 기억하는 사람도 있는데 과학적으로 증명된 바가 없다.

실제로 갓난아기가 무엇을 느끼고 어떻게 생각하는지 100퍼센트 알 수 없다. 하지만 우리는 지금까지의 다양한 연구를 통해 대략적인 것을 알게 되었다. 여기서는 이들 연구로 얻어낸 성과를 바탕으로 세운 가설에 근거해 이야기를 진행하겠다.

갓 태어난 아기는 아직 눈도 보이지 않고 다른 감각 기관도 발달하지 않은 상태라 자신이 어떤 상황에 놓여 있는지 알지 못한다. 엄마가 따스한 온기로 감싸주면 안심하고 배가 고프면 불쾌함을 느끼고 목청껏 운다. 막연하게 유쾌함과 불쾌함을 느끼는 감각은 있지만 자신의 내부와 외부 세계가 다르다는 것은 모른다.

즉 아기는 외부와 내부의 합일된 상태가 그대로 표현되는 것이다. 그로 인해 세계는 곧 자신이며 자신은 곧 세계가 된다. 또한 자신의 요구대로 주위에서 반응하게 되므로 전능하다는 '전능감'에 휩싸인다. 아기는 엄마의 존재를 정확히 모른다. 엄마 젖을 빨 때 어디까지가 자신이고 어디부터가 엄마인지 그 경계가 모호하다. 바꾸어 말하면 아직 엄마와 합일을 이루고 있는 상태다. 엄마의 전체적인 모습은 모른 채 젖이 엄마라고 생각한다.

젖은 나올 때가 있고 안 나올 때가 있다. 그래서 아기는 좋은 젖과 나쁜 젖이 있다고 생각할 뿐 이 둘이 같다는 것을 모른다. 여기서부터 서서히 발전해 아이 판단에 좋은 엄마와 나쁜 엄마, 두 명의 엄마가 있다고 생각한다. 더 자라고 판단의 기준이 생기면 좋은 엄마와 나쁜 엄마가 동일한 존재임을 알게 된다.

또한 아기는 차츰 자신과 외부 세계의 경계를 알아간다. 엄마와 자신은 융합되지 않았고 손에 들린 장난감은 자신의 외부 세계에 존재한다는 것을 이해한다. 하지만 자신의 전체 모습을 알게 되는 것은 아직 먼 미래의 일이다. 왜냐하면 인간은 거울을 보지 않는 한 자신의 전체 모습을 직접 확인할 수 없기 때문이다.

이윽고 아기는 엄마의 몸은 부드럽고 온화하며 따뜻하다는 것을 알게 된다. 그리고 엄마가 자신을 안아주고 유쾌하게 해주는 존재임을 깨닫는다. 이렇게 아기는 차츰 큰 발견을 해나간다.

이러한 모든 경험은 통합되어 '나는 사랑받고 있다'라는 경험으로 결실을 맺는다. 나는 어머니의 자식이기 때문에 사랑받는다. 나는 무력하기에 사랑받는다. 나는 예쁘고 착한 아이기이기 때문에 사랑받는다. 어머니에게 내가 필요하기에 사랑받는다. 이를 일반적인 표현으로 말하자면 '나는 현재의 나로서 사랑받는다'가 될 것이다. 더 정확하게 말하자면 '나는 나이기 때문에 사랑받는 것'이 된다.

이것이 바로 '사랑의 기원'이다. 즉 사랑의 기원은 모성애다.

3장 서두에서 인간은 다른 동물과 달리 본능이 망가졌다고 언급했다. 그렇다고 본능이 아예 사라진 것은 아니다. 특히 모성애에는 상당 부분 본능의 요소가 남아있다. 다만 '모성애는 본능이다'라고 단정해서는 안 된다. 오로지 본능 그 자체가 아니기 때문이다.

프랑스의 철학자 엘리자베트 바댕테르Éllisabeth Badinter가 쓴 《만들어진 모성》은 전후 베스트셀러가 되었다. 40여 년 전 내가 번역을 맡아 진행했는데 원제는 《L'Amour en plus》로 직역하면 《(태생적인 것이 아니라) 나중에 첨가된 사랑》이다.

그녀의 주장은 한 마디로 '인간의 모성애는 본능이 아니라는 것'이다. 이를 뒷받침하는 근거로 과거에 귀족이나 부잣집 여성이 자녀를 직접 양육하지 않았던 사실을 들었다. 유모에게 맡기거나 수

양아들이나 수양딸로 보냈다. 근대 사회가 성립되면서 남성은 밖에서 일하고 여성은 집에서 가축과 아이들을 돌보는 생활양식이 정착되었고 여성이 자녀의 양육을 맡게 된 것이다. 따라서 "자식을 사랑할 수 없다.", "내가 낳은 아이인데 사랑스럽지 않다."라고 말하는 엄마가 있을 수 있다. 이는 당연한 현상일 수 있고 그들이 결코 이상한 존재는 아니라고 했다.

모성애는 엄마가 자녀에게 주는 일방적인 애정이다. 자녀는 아직 스스로 사랑할 줄 모른다. 엄마의 사랑을 받으며 '사랑받는 것'이 무엇인지 알게 된다. 우리가 태어나서 처음으로 만나는 사람은 그 누구도 아닌 엄마다. 엄마와의 관계는 앞으로 펼쳐질 아이의 인생에 지대한 영향을 미친다. 엄마의 사랑을 기준으로 우리가 '사랑이라는 것'을 알게 된다는 점 때문이다. 즉 엄마를 통해 사랑이란 '아주 좋은 것'이라는 사실을 알게 된다.

사랑받는 것에서 사랑하는 것으로 넘어가자

아이들은 여덟 살 반부터 열 살 이전에 정서적 변화가 찾아온다. 그 이전까지는 엄마로부터 일방적인 사랑을 받으며 자라지만 이 시기부터 '자신의 행위로 사랑을 만들어내려는 감정적인 요인이 생기는 것'이다.

태어나서 처음으로 아이는 어머니(또는 아버지)에게 무언가 '줄 수 있는 것', 즉 시나 그림 등을 만들려고 생각한다. 사랑이라는 관점이 사랑받는 것에서 사랑하는 것으로, 즉 사랑을 창조하는 것으로 변한다.

이를 묘사한 그림책이 있다. 마저리 플랙Marjorie Flack의 《Ask

Mr. Bear(곰 아저씨에게 물어보렴)》이다. 주인공 '대니'가 엄마 생일 선물을 구하러 집을 나선다는 이야기다. 길에서 여러 동물과 만날 때마다 그들에게 엄마 선물로 무엇이 좋을지 묻는다. 동물들은 차례로 다양한 선물을 제안한다. 암탉은 달걀, 거위는 깃털 베개를 만들 수 있는 깃털, 염소는 치즈를 만들 수 있는 염소젖, 양은 양털 이불을 만들 수 있는 양털, 암소는 크림과 우유를 제안한다. 하지만 대니는 '이미 있다'라며 모든 제안을 거절한다. 어느 동화 연구가는 대니의 '이미 있다'라는 말은 '엄마가 이미 갖고 있다'라는 뜻이며 동물들이 제안한 것은 모두 모성적인 것이라고 분석했다.

> 동물들에게 제안받은 것이 모성이라면 대니는 이미 그것들에 충분히 둘러싸여 있다. 그런 모성 덕분에 지금까지 잘 자랐기에 대니는 이번에는 엄마를 기쁘게 해주고 싶은 것이다. 그래서 선물을 찾아 나선 것이므로 대니는 지금보다 더 큰 모성을 느끼게 하는 것은 받아들일 수 없다.
>
> -하이지마 카리의 《그림책을 깊이 읽는다》 중에서-

그림책에서 대니는 혼자 숲속으로 들어간다. 그림책이나 전래 동화에 등장하는 숲은 '다른 세계'를 상징한다. 환상적 요소가 등장하는 세계다. 그로 인해 《빨간 모자》에서 소녀는 숲속에서 만난 늑대가 말을 해도 놀라지 않고 《헨젤과 그레텔》에서 두 남매가 숲속으로 들어가자 새엄마가 노파로 변장해 등장한다.

숲은 대니가 지금까지 엄마와 함께 생활하던 집과 다른 세계이다. 여기서 대니는 곰 아저씨와 만나고 엄마 생일 선물로 무엇이 좋을지 묻는다. 곰 아저씨는 "글쎄 난 줄 게 없는데…."라고 답한다(곰은 야생 동물이라서 대니가 지금까지 만났던 동물과 달리 인간을 위해 무언가 만들어내는 것이 없다). 그러다가 "아! 이게 좋겠구나."라며 대니의 귀에 속삭인다. 아이들의 궁금증을 자아내는 클라이맥스 장면이다. 과연 대디는 엄마에게 무엇을 선물할까? 책의 마지막 페이지에 등장하는 그림이 바로 정답이다. 대니는 엄마를 꼭 안아주었다.

대니는 아직 어려서 엄마에게 받은 것을 물건으로 보답할 수 없다. 현명한 곰 아저씨는 이를 알았다. 사랑으로 베푼 것에는 사랑으로

보답할 수 있다. 그리고 사랑을 표현하는 방법으로 곰은 자신의 이름을 붙인 '베어 허그(곰처럼 있는 힘껏 안아주기)'가 있다는 것을 떠올리고 대니에게 그의 지혜를 나눠준 것이다.

-하이지마 카리의 《그림책을 깊이 읽는다》 중에서-

이 순간 아이는 난생처음으로 '사랑을 주는' 것을 경험한다. '사랑하는 능력'을 익히는 것이다. 이처럼 그림책이나 전래동화는 아이들의 심리 성장을 그린 것이 많다. 어른이 되어 다시 읽어보면 새로운 무언가를 발견할 수 있다.

아버지의 사랑은 조건부다

엄마만 자식에게 사랑을 주는 것이 아니다. 아빠도 자식을 사랑한다. 그런데 사랑에 있어 엄마와 아빠는 사랑의 방식에 있어 조금 다르다. 현실의 모든 엄마, 아빠에게 해당하는 것은 아니지만 '모성적 사랑'과 '부성적 사랑'은 표현이나 감성에 있어 완벽하게 같을 수 없다는 말이다. 물론 요즘은 한 부모 가정이나 제한된 조건에서 자라는 아이들이 많다. 이때는 양육자가 모성과 부성이 혼합된 사랑을 구현하게 된다. 가령 부친의 부재라면 모친이 이 두 가지 원리를 모두 체현體現하면서 모친이지만 부친의 역할까지 담당하게 된다. 또는 조부와 숙부가 부친을 대신하는 경우도 있다.

누가 어느 쪽을 체현하든 부모의 사랑에는 모성적 사랑과 부성적 사랑, 이렇게 두 종류의 사랑이 있다. 아이는 이 두 가지 사랑을 받으며 자란다. 태어난 지 얼마 되지 않을 때 부친의 중요성은 모친에 비해 적다. 물론 '육아 파더'처럼 육아에 적극적인 관심을 보이는 부친과 '육아는 전적으로 엄마의 몫'이라며 소극적인 모습을 보이는 부친은 크게 다르다. 하지만 대개 부친의 영향력은 어느 정도 시간이 흐른 뒤에 나타난다.

> 어머니는 우리를 탄생시킨 집이다. 자연이고 대지이고 대양이다. 아버지는 이러한 자연적 고향(가정)을 의미하지 않는다. […] 아버지는 자연적 세계를 나타내지는 못하지만 인간 존재의 다른 극 즉 사상, 인공물, 법과 질서, 규율, 여행과 모험의 세계를 나타낸다. 아버지는 아이를 가르치는 사람이고 세계로 들어서는 길을 가르쳐 주는 사람이다.

한 줄로 요약하면 엄마는 자연을, 아빠는 사회를 나타낸다. 이는 시기와도 관련이 있다. 어렸을 때 아이는 적극적인 돌봄이 필요하고 보호받아야 한다. 하지만 차츰 성장하면서 사회에 적응해

나가야 한다. 이를 담당하는 사람이 바로 아빠다. 아빠는 금지하고 엄마는 허락하는 것이다.

아버지의 사랑은 조건이 있는 사랑이다, '내가 너를 사랑하는 것은 네가 나의 기대에 부응했고 네 의무를 다했으며 나를 닮았기 때문이다'가 아버지 사랑의 원칙이다.

이러한 사랑을 경험한 아이는 성장하면서 자신이 빚어내는 사랑의 형태도 부친과 모친의 사랑을 닮아간다.

어머니에 대한 애착에서 아버지에 대한 애착으로 변하고 최후에는 쌍방이 통합되는 발달이야말로 정신 건강의 기반이자 성숙의 달성이다.

아이가 성장하는 과정에는 여러 어려움이 따른다. 간단하지 않은 것이다. 엄마는 투정과 응석을 받아주며 과도하게 보호하는 한편 아빠는 자녀에게 무관심하고 영향력이 적은 가정을 떠올려 보자. 이런 환경에서 자란 아이는 평생 유아기의 모성적 사랑에 애착을 보인다. 이들은 어른이 되어서도 엄마에게 의존할 수밖에 없다. 비생산적이고 무력감에 빠져 규칙을 지키거나 스스로 삶을 조정하거나 통제하지 못하는 인간으로 자랄 것이다.

이와 반대로 엄마가 냉소적이고 동정심이 없으며 지나치게 간섭하는 가정에서 자란 아이는 보호받고 싶은 욕구를 아빠나 권위적인 인물(선생님이나 상사 등)에게 바랄 것이다.

형제애란 인류애다

부모의 사랑에서 인류의 사랑으로 시야를 넓혀 보자. 프롬은 '모든 사랑의 바탕에 놓여 있는 가장 기본적인 사랑은 형제애'라고 말했다. 여기서 '형제애'란 현실의 형제와 자매에 대한 사랑이 아니다. 인류에 대한 사랑이다.

인류라고 함은 당연히 외국인도 포함된다. 만일 전쟁 중이라면 적국의 국민과 혐오하는 사람도 포함해야 한다. 그런데 적국이나 원수, 대립 관계에 있는 모든 사람을 사랑할 수 있을까. 보통의 정서를 가진 사람들은 어려움을 호소할 것이다. "그건 당치 않은 일이야.", "신이 아니고서야 어떻게 사랑할 수 있단 말이오."라고 반문하지 않을까.

하지만 프롬은 "만일 사랑하는 능력이 충분히 발달해 있다면 형제를 사랑하지 않을 수 없다."라고 말했다. 성경에서 말하는 '네 이웃을 네 몸처럼 사랑'하라는 계시와 같은 종류의 사랑이다.

우리가 '모르는 사람을 사랑할 수 없는' 이유는 표면적인 차이점에 얽매여 있기 때문이다. 현대 사회 곳곳에는 여전히 인종 차별이 존재한다. 피부색, 눈동자 색, 얼굴 생김새로 상대를 우대하거나 무시하고 멸시한다. 이런 표면적인 차이를 뛰어넘어 그 사람의 본질을 먼저 접한다면 반드시 합일을 경험할 수 있다. 이와 관련된 프롬의 말을 들어보자.

> 사람은 형제애를 통해 인간 대 인간으로 합일, 인류의 연대 의식, 인류가 하나가 된 듯한 감각을 맛본다. 형제애는 우리는 하나라는 의식에 바탕을 두고 있다. 모든 인간이 가진 인간적인 핵심은 동일하다. 이 중요한 지점을 생각한다면 재능이나 지성, 지식의 차이는 무시해도 좋을 정도다. 이러한 동일감을 경험하려면 표면에서 핵심으로 파고들어 침투할 필요가 있다. 만일 내가 다른 사람의 표면밖에 보지 않는다면 차이점만 눈에

띄어 상대방과 소원해질 것이다. 만일 핵심까지 파고든다면 우리는 동일하며 형제라는 것을 알게 된다. 표면과 표면의 관계가 아닌, 이런 중심과 중심의 관계가 바로 '중심적 관계'다.

솔직히 말해 나는 모든 사람을 사랑하는 것은 매우 어려운 일이라고 생각한다. 만일 프롬의 말대로 인류애가 먼저 발휘되었다면 전쟁이나 집단적 폭력, 인종 학살 등은 일어나지 않았을 것이다. 하지만 인류 역사는 전쟁의 역사라고 해도 과언이 아닐 만큼 살육을 반복해 왔다. 전쟁이 없는 평화로운 시대는 한 번도 없지 않았는가?

이방인의 본질에 다가가면 사랑이 보인다

형제애와 관련하여 '이방인'에 대해서도 생각해 보자.

지금도 내전이 끊이지 않는 시리아에서는 매일 수많은 사람이 나라 밖으로 탈출한다. 동북아시아와 서아시아라는 지리적 거리감으로 일본이나 한국에서 시리아 난민을 대거 수용해야 하는 상황은 일어나지 않는다. 하지만 시리아에서 가까운 유럽 각국에서는 심각한 문제가 되고 있다. 독일의 앙겔라 메르켈 총리를 중심으로 EU 주요국은 "난민도 우리와 같은 인간이므로 수용해야 한다."라는 입장이지만 반대하는 사람도 많다.

그러나 난민 수용을 거부하는 우파 정당이 약진하며 양자 대립이 커다란 정치적 문제로 대두되었다. 우파 정당을 지지하는 사람들은 이성적으로는 '같은 인간이기에 도와줘야 한다'라고 생각하지만 자국의 현실을 위해 어렵다는 견해다. 그래서 난민이 가까이에 살면서 범죄를 일으키거나, 일자리를 침범한다면서 독일에서 떠나주길 바라는 것이다.

이와 비슷한 상황이 최근 일본에서도 일어나고 있다. 식당이나 편의점, 술집에서 일하는 외국인 종업원의 수가 늘고 있다. 더 이상 남의 일이 아니다. "일본어를 잘못하는 사람은 당장 떠나라!", "네 나라로 돌아가라!"라며 냉랭한 말을 퍼붓는 사람이 있다. 반면 '이들도 우리와 같은 인간이니 사랑해야 한다'라며 외국인이 구사하는 일본어를 알아들을 수 없다면 '일본어를 가르쳐 주면 되지 않느냐'고 생각하는 사람도 있다.

현대 사회는 미국의 트럼프 대통령을 필두로 배타주의가 확산되고 있다. 일본은 아직 그 정도까지는 아니지만 지리적 환경, 즉 '섬나라'라는 특징상 원래부터 배타적인 부분이 있었다. 이는 표면적인 차이에서 오는 것이 아니다. 오랫동안 일본에 거주한 중국인, 한국인, 조선인은 겉모습으로 일본인과 거의 차이가 나지 않는다. 그런데도 일부 일본인은 그들에게 '이유 없는 증오심'을 품고 있다. '이방인'을 수용할 수 없다는 입장이다. 무엇이 이들을 이처럼 단호하게 만들었을까.

과거 1923년 관동 대지진이 발생했을 당시 "조선인이 폭동을 일으킨다.", "조선인이 우물에 독을 넣었다."라는 등 헛소문이 돌았다. 이를 믿은 일본인은 조선인을 습격하거나 학대를 일삼았다. 당시 일본인에게 학대받은 조선인은 수천 명에 달했는데 이는 단순히 헛소문 때문만은 아니었다. 이전부터 일본인의 마음에 있던 막연한 증오와 두려움이 헛소문을 빌미 삼아 표출된 것이다.

이와 같은 '이방인'에 대한 증오는 일부 사람만의 문제가 아니다. 이들이 명확하게 겉으로 표출하고 있는 것일 뿐 대다수 사람의 마음에 선입견이나 편견으로 얕게라도 자리하고 있다. '이방인'에 대한 증오는 완벽하게 근절되기 어렵다. 그렇다고 '원래 그런 것이다', '이방인을 증오하는 것은 인간의 본성이다'라며 내버려 둘 수도 없다. 이 문제를 방치하거나 관심 밖에 둔다면 고착되는 것은 물론 더욱 심화될 우려가 있기 때문이다. 그러니 증오를 근절

하는 노력을 해야 한다. 인류를 구성하는 한 사람으로 세상에 태어났으니 보다 나은 방향을 추구해 나아가야 하지 않을까? 처음부터 '어렵다', '불가능하다'라며 포기해서는 안 될 일이다.

지난 2017년 90회 아카데미 시상식에서 작품상을 비롯해 네 개 부문을 휩쓴 〈The Shape of Water(셰이프 오브 워터 : 사랑의 모양)〉이라는 영화를 아는가? 사랑에 관한 영화인데 기존의 연애 로맨스와 결이 다른 매우 독특한 작품이다.

영화의 주인공은 정부 기밀 기관에서 청소부로 일하는 여성이다. 발화 장애가 있어서 다른 사람과 소통하는 데 서툰 그녀는 사랑을 갈망하지만 혼자 고독하게 살아간다. 그러던 어느 날 그녀가 일하는 기관에 기묘한 생명체가 극비리에 운반되어 들어온다. 온몸이 비늘로 뒤덮인 반어인半漁人이다. 이후 주인공은 반어인에게 사랑을 느끼고 육체관계까지 맺는다.

대략 이런 내용인데 〈셰이프 오브 워터〉라는 제목이 참 심오하다. 여기서 '물'은 '사랑'을 상징한다. 물은 담기는 용기에 따라 형태가 달라진다. 원형 용기에 넣은 물은 원형으로, 사각 용기에 넣은 물은 사각형으로 모양을 만들어낸다. 그러므로 이 영화의 깊은 뜻은 세상의 사랑은 각기 형태가 다른데 인간과 반어인 사이의 사랑도 그 나름의 가치를 지녔다는 뜻으로 풀이된다. 또한 누군가를 사랑하려면 외형의 차이를 극복하고 상대방의 본질에 다가가야 한다는 메시지를 전하는 것이다.

살다 보면 '도무지 너를 이해할 수 없다'라는 한계가 느껴질 때가 있다. 그럴 때는 본질에 있어 '그(그녀)도 나와 동일한 인간이다. 이 점에서 우리 둘은 동일하다'라는 것을 잊어서는 안 된다. 가장 쉽게 그를 이해하고 사랑하는 방법이다.

꿀을 줄 수 있는 엄마는 소수에 불과하다

프롬은《사랑의 기술》에서 형제애를 논한 후, 재차 모성애를 언급하면서 "여기서 중요한 한 가지를 덧붙이지 않을 수 없다."라고 말한다. '중요한 한 가지'란 무엇일까?

모성애는 두 가지 측면에서 중요하다. 하나는 배려와 책임으로 자식을 보호하는 것이고 다른 하나는 자식에게 '삶에 대한 사랑'을 가르치는 것이다.

> 삶에 대한 사랑을 자식에게 심어주고 '산다는 것은 멋진 일이다', '어리다는 것은 좋은 일이다', '이 세상에 태어났다는 것은 멋진 일이다'라는 감정을 갖게 하는 태도다.

구약 성경을 보면 '약속의 땅'이 나온다. '젖과 꿀이 흐르는 곳'으로 하나님이 이스라엘 민족에게 약속한 이상향이다. 프롬에 따르면 '젖과 꿀'은 모성애의 두 가지 측면이라고 한다.

젖은 사랑의 첫 번째 측면으로 보호와 긍정을 상징한다. 꿀은 인생의 달콤함, 삶에 대한 사랑, 살아 있다는 행복감을 상징한다.

'젖'을 준다는 것은 애정으로 자식을 키운다는 의미다. '좋은 엄마'는 자식에게 젖을 줄 수 있다. 그런데 프롬은 '꿀'을 줄 수 있는 엄마는 소수에 불과하다고 말했다.

꿀을 줄 수 있으려면 엄마가 행복해야 한다. 일과 육아에 치여 삶이 힘겹거나 불안하거나 남편이 육아에 도움을 주지 않거나 잦은 외도로 상처받는 상황에서 오는 스트레스는 자녀에게 고스란히 전달된다. 엄마가 이런 고민과 힘든 심경을 자식에게 들키지 않기란 매우 어렵다.

또한 자식이 어렸을 때 이혼하는 가정도 있다. 비록 이혼하지 않았지만 부부 사이가 원만하지 못한 가정을 유지하기도 한다. 하지만 이혼하지 않고 불행한 결혼 생활을 유지하는 편이 오히려 자신에게도 자녀에게도 악영향을 미친다고 한다. 화목하지 않은 집안 분위기를 자녀도 그대로 느끼기 때문이다. 엄마가 삶을 사랑하는지, 자신의 인생을 즐기는지가 자녀에게 전달되고 자녀의 성장에 큰 영향을 미친다. 엄마라면 이를 잊어서는 안 된다.

프롬은 엄마가 주의해야 할 점에 대해서도 언급했다. 모성애는 상당히 본능적이지만 인간 특유의 심리적인 요인이 작용하므로 '나르시시즘'에 주의해야 한다고 했다. 자식을 맹목적으로 사랑하는 엄마는 어쩌면 자신의 나르시시즘을 만족시키려는 것인지 모른다. 자식을 자신의 일부로 여기고 자식 사랑하기를 자신을 사랑하는 것과 동일시 한다. 이런 엄마는 '자신은 오로지 자식을 위해 산다'라고 착각한다. 하지만 이는 자식을 조금도 생각하지 않는 결과를 낳는다. 자식보다 자신을 사랑하는 것이다.

또한 권력욕이나 지배욕이 강한 엄마는 자식을 복종시킴으로써 자기애를 만족시키려는 경향이 강하다. 소유욕이 강한 엄마도 자식을 소유물로 간주하고 자신의 소유 욕구를 만족시킨다. 이들 모두 자녀의 심리에 악영향을 미친다.

프롬은 '초월에 대한 욕구'도 지적했다. 기독교 관점에서 인간은 하나님이 만든 피조물이지 창조주가 아니다. 하지만 초월에 대한 욕구를 가진 사람은 자신을 창조주라고 생각한다. 이런 창조 욕구를 만족시키고 창조의 기쁨을 느끼기 위해 자식을 만들고 자식을 돌보며 자신이 바라는 인간으로 키우는 것이다. 이를 통해 자신이 위대한 존재가 된 듯한 기분을 맛본다.

위에 언급한 사례의 엄마는 한결같이 '자식이 가장 소중하다', '자식만을 위한다'라고 믿는다. 하지만 실은 자식보다 자신을 더 소중히 여기는 것이다.

참사랑을 주는 엄마는 따로 있다

모성애의 가장 큰 특징은 '독립'을 바란다는 것이다. 자식은 일정 시기가 되면 엄마 품을 떠난다. 평생 엄마와 붙어 사는 일은 거의 없다. 이것이 모성애와 사랑의 근본적인 차이점이다. 사랑은 행복한 관계를 구축하면 죽을 때까지 쭉 이어진다. 반면 모성애는 자식의 독립, 즉 자식과의 분리를 바란다. 프롬은 이때 자식을 진정으로 사랑할 줄 아는 엄마가 될 수 있는지 아닌지 판가름 난다고 말했다.

이 단계에 이르러 비로소 모성애는 심각한 난행難行으로 변한다. 철저한 이타주의, 곧 모든 것을 주고 사랑하는 사람의 행복 이외에 아무것도 바라지 않는 능력이 필요해진다. 많은 어머니가

이 단계에서 모성애라는 의무에 실패한다. 나르시시즘 경향이 강한 어머니, 지배적인 어머니, 소유욕이 강한 어머니가 본모습을 드러나기 시작하는 것이다. '애정 깊은' 어머니는 자식이 어렸을 때만 가능하다. 진심으로 애정 깊은 여성, 받기보다 주는 것에서 큰 행복을 느끼고 자신의 존재에 깊은 뿌리를 박고 있는 여성만이 자식이 독립해서 떠나가는 단계에서도 애정 깊은 어머니일 수 있다. […] 애정 깊은 어머니가 될 수 있는지 아닌지는 스스로 이별을 견딜 수 있는가, 그리고 이별 후에도 변함없이 계속 사랑할 수 있는가에 달렸다.

시도 때도 없이 '엄마'를 불러대던 아이도 언젠가 엄마와 집을 떠나 사랑하는 사람과 결혼한다. 이를 진심으로 기뻐할 수 있어야 진정으로 자식을 사랑하는 엄마다. 그런데 주위를 둘러보면 그렇지 않은 엄마도 많다. TV 드라마에 '마마보이', '마마 걸'이 자주 등장하는 것을 보면 말이다.

어떤 의미에서 모든 남성은 마마보이다. 남성에게 엄마는 '첫 번째 여성'이기 때문이다. 하지만 남성은 언젠가 밀착되어 있던 모자 관계에서 벗어나 새롭게 가족을 꾸려야 한다. 마마보이에 대해서는 5장에서 다시 다루도록 하겠다.

당연히 결혼이 삶의 전부는 아니다. 배우자와 함께 단란한 가정을 꾸려야만 행복인가? 그렇지 않으면 불행인가? 실제로 내 주변에 오십이 넘었는데도 독신으로 어머니와 단둘이서 사는 친구가 여럿 있다. 어머니가 살림을 도맡아 해주니 생활하는 데 큰 불편함은 없다고 한다. 하지만 언젠가 거동이 불편한 어머니를 전적으로 돌봐드려야 할 것이고 만일 어머니가 돌아가시면 혼자 남게 될 것이다. 물론 이런 인생도 나쁘지 않다. 다만 (어머니 이외의) 사랑하는 사람과 애정을 나누는 삶을 경험하지 못하는 것이 안타까울 따름이다. 개인적으로 애인이나 배우자와 깊은 애정을 나누는 삶이 인생의 가장 큰 기쁨이라고 생각하기에 친구들이 정말로 행복한지 궁금하다. 하지만 친구들 입장에는 나의 이런 관점이 불편할 것이다. "쓸데없는 참견 말고 네 인생을 살아."라는 그들의 잔소리가 들린다.

오로지 합일만이 사랑의 결정체는 아니다

프롬이 '이성애'에 관해 언급한 부분은 흥미롭다. 프롬은 과거 시대의 사람이라 동성애를 '비정상적'으로 바라봤으나 나는 그렇지 않다. 그러니 이 책에서는 프롬의 방식으로 표기한 '이성애'를 '이성 혹은 동성 간의 사랑'으로 바꾸어 읽어도 무방하다.

프롬이 언급한 사랑은 남녀 간, 즉 '이성애'다. 이성애가 모성애나 형제애와 다른 점은 섹스를 동반한다는 것이다. 그렇다면 사랑과 성은 도대체 어떤 관계일까? 이에 대해서는 다음 장 '현대 사회의 사랑'에서 자세하게 다루도록 하겠다. 여기서는 합일과 섹스의 관계에 대한 프롬의 고찰을 살펴보고자 한다.

이성애는 다른 사람과 완벽하게 융합하고 싶다, 하나가 되고 싶다는 강한 바람이다.

프롬은 모성애나 형제애와 달리 이성애는 '섹스를 동반'한다고 했다. 따라서 이성애는 매우 배타적이다. 형제애는 모든 인간에 대한 사랑이지만 이성애는 한 명만 사랑하는 것이니까.

1장에서 언급했듯 '사랑에 빠지면' 이를 진정한 사랑이라고 착각한다. 그리고 곧바로 상대방과 친밀한 관계로 발전하길 원한다. 고독의 공포에서 벗어나고 싶기 때문이다.

인간이 서로 고립되어 있다는 것은 육체적으로 떨어져 있다는 의미에 지나지 않으므로 육체적으로 결합함으로써 고립을 극복하려고 한다.

사랑이 성욕을 자극하고 부추기기도 한다. 그래서 많은 사람이 '육체적으로 서로를 원할 때 서로 사랑하는 것'이라고 오해한다. 성욕이 사랑하고 있다고 착각하게 만든 것에 불과한데 말이다.

과거에는 전통적으로 '결혼할 때까지 섹스는 하지 않는 것'이라고 여겼다. 현대인 중에 그렇게 생각하는 사람은 극소수에 불과하다. 만나는 과정에서 마음을 나누며 섹스하는 것이 자연스럽게 받아들여진다. 개인적 관점이나 사회 통념도 바뀌어 용인하는 분위기다. 하지만 섹스 그 자체를 진정한 사랑이라고 오해해서는 안 된다.

섹스로 급속히 친밀해진 관계는 대개 얼마 후에 금방 식어 버린다. 둘은 헤어지면 다시 새로운 상대를 찾아 나선다. "이게 뭐가 나빠?"라고 반문하는 사람도 있겠지만 같은 실수를 계속 반복한다면 평생 진정한 사랑을 만나지 못할 것이다. 어떤 사람은 "이상적인 상대를 발견하기 어려우니 많은 사람을 만나고 시험해 봐야 한다."라고 말한다. 하지만 이는 앞에서 언급했듯 사랑을 '대상의 문제'라고 오해하는 것이다. 이상적인 상대를 발견하지 못하는 것은 그런 만남을 가지지 못한 탓이라고 잘못 이해하는 것이다. 진정한 사랑이 아닌 미숙한 사랑을 아무리 반복한들 이상적인 상대에 가까이 다가갈 수 없다.

이성애는 모성애나 형제애와 달리 배타적이다. 이에 대해 프롬은 조금 더 자세하게 설명한다. "둘만의 세계를 만들고 다른 사람은 안중에도 없는 커플이 있는데 이런 커플의 사랑은 그들의 이기주의가 배로 커진 것에 불과하다."라고 말했다.

그들은 고독을 극복했다고 느끼지만 실상은 다른 사람들에게 고립된 것으로 여전히 서로 고립된 채로 있고 자신으로부터도 소외되어 있다. 그들이 맛보는 합일은 착각에 지나지 않는다.

여기서 중요한 것은 '여전히 서로 고립된 채로 있고'라는 대목이다. 합일을 이루려 했지만 아직 분리되어 있는 것이다. '그들'과 같은 커플이 실제로 합일, 융합되는 일은 절대로 일어나지 않는다. 현실에서 상대방만 바라보고 다른 모든 사람을 무시할 수는 없는 일이다. 아니, 이는 잘못된 행동이자 잘못된 자세다.

분명 이성애는 배타적이다. 왜냐하면 우리는 애인이나 배우자

한 사람과만 합일, 융합할 수 있기 때문이다. 아무리 형제애가 있어도 인류 전체와 합일을 이룰 수는 없다. 그런데 진실한 이성애는 형제애를 배제하지 않는다. 자신도 상대방도 인간이며 이 점에서는 다른 인간도 마찬가지기 때문이다.

사랑이란 의지다

사랑은 본질적으로는 의지에 기반을 둔 행위여야 한다.

프롬은 이 문제를 우리가 오해하는 중요한 것 중 하나라고 했다. 기독교 결혼식에 가보면 목사가 "기쁠 때나 슬플 때나 건강할 때나 병이 들었을 때나 부할 때나 가난할 때나 평안할 때나 두려움이 몰려올 때나 남편(아내)을 사랑하고 남편(아내)을 존경하며 위로하고 남편(아내)을 돕고 목숨이 다할 때까지 서로 사랑할 것을 맹세합니까?"라고 묻는다. 신랑 신부는 각자 "네, 맹세합니다."라고 답한다. 이 '맹세합니다'가 프롬이 말하는 '의지'다.

그런데 사람들은 사랑을 의지와 관계없이 자연스럽게 생겨나는 것, '빠지는 것'으로 스스로 통제하지 못하는 감정이라고 생각한다. 하지만 사랑이란 "결단이고 판단이고 약속이다."라고 프롬은 단언했다.

그렇다면 과거처럼 부모가 정해준 혼인 상대에게 자기감정은 일절 배제하고 '평생 사랑하겠습니다'라고 맹세하면 되는 것일까? 옛날에는 연애결혼이 적었다. 부모가 정해준 상대와 결혼한 이들이 대부분이었지만 모두 불행했던 것도 아니다. 현대도 결혼 정보회사에서 만나 결혼하는 사람도 많지 않은가. 그러므로 '결혼하면 애정이 생긴다'라는 말도 아예 틀린 말이 아니다. 하지만 현대 사회에서 '부모가 정해준 상대라면 무조건 괜찮다'라고 생각하는 사람은 일단 없다.

프롬이 패러독스로 가득 찬 인간의 본성을 간과했기에 타인이 정해준 상대라도 괜찮다고 생각하지 않았을까. 패러독스는 역설이다. 모순이라고 해도 좋다. 우리는 모두 인간이라는 관점에서 획일화되지만, 한편으로 유일무이한 존재이다. 똑같은 사람은 어디에도 없으며 누구로 대체될 수 없는 존재다. 그만큼 사랑에 있어 같은 지점에서 똑같이 생각할 수 없다는 것이다.

따라서 이성애란 개인과 개인이 서로에게 매력을 느끼는 것이며 특정한 두 사람 사이의 독특한 것이라는 견해가 옳다. 이성애는 의지 행위에 지나지 않는다는 견해도 옳다. 아니, 조금 더 정확하게 말하면 어느 쪽도 옳지 않다. 따라서 이성애는 잘되지 않으면 간단하게 해소할 수 있는 관계라는 사고방식도, 어떤 일이 있어도 관계를 해소해서는 안 된다는 사고방식도 틀린 것이다.

'그래서 결국 무슨 말이지? 이래서는 뭐가 뭔지 모르겠다'라고 생각하는 독자도 많을 텐데 인간은 모순덩어리라 어쩔 수 없다는 의미로 이해하면 된다.

자기를 사랑해야
타인을 사랑할 수 있다

사랑의 대상은 다양하다. 부모와 형제자매, 친구, 애인, 동네 아줌마, 단골 가게 주인, 영화배우 등. 그런데 사랑의 대상은 오직 사람에만 머물지 않는다. 강아지나 고양이 같은 애완동물, 산에서 발견한 작은 새, 더 나아가 자신이 사는 나라와 지구, 우주 등으로 확대되기도 한다.

그럼에도 우리는 스스로 사랑의 대상이 된다는 사실은 잊고 산다. 자신을 사랑하는 것 바로 '자기애'다. 많은 사람이 자기애를 오해한다. 다른 사람을 사랑하는 것과 자신을 사랑하는 것은 대립관계에 있다고 말이다. 그로 인해 '그 사람은 자기 자신만을 사랑하기에 다른 사람을 사랑할 수 없다'라고 오해한다.

프롬은 자기애에 관해 스승이자 정신 분석학의 창시자 프로이트의 이론에 반론을 제기했다. 이 부분은 매우 중요하므로 먼저 프로이트의 이론을 설명하겠다.

프로이트는 어떤 측면에서 19세기적 사고관이 강한 인물이다. 19세기 서양에서는 종교 영향력이 쇠퇴하고 근대 과학이 발달하면서 생산이 비약적으로 발전한 시대를 맞이했다. 그런 영향 속에서 프로이트는 변화하는 인간의 심리 구조를 자연 과학, 생물학 및 역학에 근거하여 바라보려고 했다.

인간은(동물은 모두) 호흡을 통해 산소를 마시고 음식을 섭취한다. 흡수된 영양분을 에너지로 바꾸어 삶의 동력을 얻는다. 더불어 이 에너지가 인간의 마음도 움직이므로 프로이트는 마음의 활동에도 힘이 필요하다고 생각했다. 이런 가상의 에너지를 '리비도Libido'라고 불렀다. 리비도는 라틴어로 '강한 욕구'를 뜻한다. 이 에너지의 원천, 즉 리비도를 만들어내는 것이 '욕동欲動'이다. 이는 3장에서 언급했듯 동물의 본능에 상응하는 것이다. 인간의 경우 본능이 망가진 결과 욕동이 되었다.

프로이트는 리비도를 '성욕'과 비슷한 의미로 사용했다. '성욕이 마음을 움직인다'라고 가늠한 것이다. '프로이트를 이런 인간의 자연스러운 현상을 뭐든지 섹스와 연관 지어 생각하는 외설적 과학자'라고 떠올리는 사람도 많다. 하지만 그도 만년에는 리비도를 '성性' 에너지라기보다 '생生'의 전반적인 에너지라고 했다.

프로이트가 젊은 시절 성욕을 강조한 데는 시대적 원인이 있었다. 19세기는 현대인의 관점에서 보면 상상할 수 없을 만큼 성적인 측면이 강하게 억압된 시대였다. 누군가는 목소리를 높여 성욕의 중요성을 호소해야만 했다. 그 누군가가 프로이트였을 뿐이다.

성욕은 생물학적으로 당연한 일이다. 생물의 궁극적인 목표는 '생식', 즉 '자손을 남기는 것' 아닌가. 종족 번식의 욕구에서 보면 인간 또한 동물로 그 본능을 무조건 억누르거나 제압할 일은 아니다.

사랑과 에너지라니. 둘 사이에는 아무 관련이 없는 것처럼 들리는데 혹시 이런 경험을 해본 사람이라면 동의할 것이다. 애인에 대한 애정이 식었을 때 다른 사람이 나타나자 곧바로 그 사람이 좋아지는 경험 말이다. 달리 표현하면 애인 쪽으로 더 이상 애정 에너지가 흐르지 않고 새로운 상대에게 애정 에너지가 마구 흘러가는 것이다. 나는 실제로 경험해 봤기에 애정을 에너지로 바라보는 개념을 이해할 수 있다.

누구를 위한 사랑인지 헤아려야 한다

다시 '자기애'로 돌아오자. 프로이트는 리비도의 에너지는 유한해서 이를 타인에게 다 주면 정작 자신에게 줄 에너지가 없고, 반대로 자신에게 다 주면 타인에게 줄 에너지가 없다고 했다. 타자애와 자기애는 서로 배타적이기 때문이다. 따라서 자신만을 사랑하는 사람은 타인을 사랑할 수 없다며 이를 '나르시시즘'이라 했다. 그가 보는 나르시시즘은 자기애가 충만한 일종의 '병'이었다.

이에 프롬은 반론을 제기한다. '형제애'에서 언급했던 기독교의 계명 '네 이웃을 네 몸처럼 사랑하라'는 구절을 떠올려 보라고 한다. 이 구절은 단순히 '이웃을 사랑하라'는 의미가 아니다. '네 몸처럼'이라는 전제를 붙여 어떻게 사랑해야 할지 제시하고 있다. 자신도 이웃도 함께 사랑하라는 의미가 깔린 문구라고 했다. 바꾸어 말하면 '자신을 사랑하는 것'까지 포함이다.

자, 한 쌍의 남녀가 있다고 해보자. 둘은 서로 사랑하는 사이이다. 그런데 남자는 자기 자신을 전혀 사랑하지 않는 사람이라면 이 둘의 관계는 이상해진다. 여자가 사랑하는 남자를 정작 본인은 스스로 사랑하지 않기 때문이다. 이런 관계가 원만하게 지속될 수 있을까? 상대가 '당신의 이런 점이 좋다'라고 하는데 자신은 상대가 '좋은 점'이라고 해주는 바로 그 지점을 싫어할 때도 있다. 하지만 이는 부분적인 이야기다. 애인이 당신의 존재를 지극히 사랑하고 있는데 자신을 사랑하지 않는다는 것은 모순이다.

이렇게 말하면 '아니다. 자신만 생각하고 자기 생각만 우선하는 사람도 있다', '내 애인은 제멋대로다', '자기만 생각한다', '늘 나보다 자신을 우선한다'라고 반박하는 사람이 있을 것이다. 단언컨대 이런 사람은 자기애가 강한 것이 아니라 '이기적인 것'이다.

이기적인 사람은 자신에게만 관심이 있고 무엇이든지 자기 것으로 만들고 싶어 하며 주는 데서는 기쁨을 느끼지 못하고 받는 데서만 기쁨을 느낀다. 이기적인 사람은 외부 세계를 자신이 거기서 무엇을 얻을 수 있는가 하는 관점에서만 바라본다. 다른 사람의 욕구에 관심도 없고 다른 사람에 대한 존엄이나 개성을 존중하지 않는다.
이기적인 사람은 오로지 자기 자신만 바라본다. 그는 자기 자신에 대한 유용성을 기준으로 모든 것을 판단한다.

프롬은 "이런 사람은 근본적으로 사랑할 수 없다."라고 말했다. 사람들은 대부분 "그 사람은 자기 자신을 너무 사랑한다."라고 말한다. 그러나 프롬에 따르면 이기주의와 자기애는 정반대다.

이기적인 사람은 자기 자신을 지나치게 사랑하는 것이 아니라 거의 사랑하지 않는다. 사실상 그는 자기 자신을 미워하는 것이다.

자신을 소중히 여기는 행동은 사랑이 아니라 자신을 사랑하지 못한 결과가 이기주의로 치달아 드러나는 것이다.

프롬은 이기적인 사람에 대해 안타까움을 표했다. 반면 '비이기적인' 사람이 훨씬 더 위험한 사람이라고 지적했다. 입버릇처럼 "나는 아무래도 좋다.", "나는 다른 사람을 위해서 산다."라고 말하며 자신은 행복을 느끼지 못하기 때문이다. 주변을 둘러보면 실제로 진심으로 자신보다 더 상처받은 사람 혹은 곤란한 사람을 위해 봉사하는 사람도 있다. 이들은 대부분 자신의 헌신을 통해 행복을 느낀다. 하지만 '모두를 위해서'라고 떠들면서 삶에 불만이 가득한 사람도 있다. 이러한 '비이기주의'는 실은 '가짜 비이기주의'이다.

프롬은 자식을 위해서라면 무엇이든 해주고 보호하는 엄마도 마찬가지라고 했다. 이런 엄마는 자식을 사랑하는 게 아니라 사랑하지 못해 자식을 감싸고 도는 것이다. 정신 분석학에서 말하는 '반동형성反動形成'이라는 심리 메커니즘이다. 자신의 감정을 억누르고 그와 이상적인 태도를 취하는 것이다. 여기서 문제는 감정 억압을 의식적으로 하는 것이 아니라 무의식적으로 하기에 본인은 전혀 알지 못한다는 점이다. 자신은 헌신적으로 자식을 사랑한다고 믿으며 그 이면에 있는 본질을 보지 못한다. 혹여 느껴진다고 해도 자식을 사랑하지 않는 마음 또는 자신이 스스로 자식을 사랑하지 못한다는 사실을 인정하지 못한다. 그로 인해 누구보다 깊이 자식을 사랑한다고 착각에 빠져 산다.

프롬의 스승인 프로이트는 "효도하는 자식을 경계하라."라는 말을 남겼다. 부모를 증오하는 자식은 그 감정을 억누르고 정반대로 부모에게 효도하는 척한다는 것이다. 하지만 '억눌렀던 감정은 반드시 되돌아오게 마련'이다. 이런 효도는 언젠가 걷잡을 수 없는 파탄에 이른다. 이를 프롬은 "(가짜) 비이기주의라는 표면 뒤에는 미묘하지만 매우 강렬한 자기 본위가 숨어 있다."라고 말하며 경고했다.

자신을 사랑하는 것이 먼저다

이제 자기애를 마무리해 보자.

프롬은 프로이트의 리비도 이론과 달리 타인을 사랑하는 것과 자신을 사랑하는 것은 뗄 수 없는 관계라고 논했다. 자신을 깊이 사랑하는 사람만이 다른 사람을 사랑할 수 있다는 것이다. 반대로 말하면 자신을 사랑할 수 없는 사람은 다른 사람을 사랑할 수 없다는 의미이다.

'자기애'의 마지막 부분에서 프롬은 중세 독일의 신학자이자 사상가인 마이스터 에크하르트Meister Eckhart의 말을 인용했다. 명문이므로 모두가 마음에 새겨두면 좋겠다.

만일 자기 자신을 사랑한다면 자신을 사랑하듯 모든 인간을 사랑할 것이다. 다른 사람을 자신보다 사랑할 수 없다면 진정한 의미에서 자신을 사랑하지 않는 것이다. 자신을 포함해 모든 사람을 똑같이 사랑한다면 이 사람은 그들을 한 인간으로서 사랑하는 것이고 이 사람은 신神인 동시에 인간이다. 따라서 자신을 사랑하면서 동시에 다른 모든 사람을 똑같이 사랑하는 사람은 위대하고 올바르다.

-마이스터 에크하르트-

자기애에 대한 설명을 마치면서 개인적인 생각을 조금 덧붙이고자 한다.

이번 장에서 우리는 다른 사람에 대한 사랑과 자기애는 상반되는 것이 아니라는 점을 알았다. 그렇다면 자신과 상대방 중 어느 쪽을 더 깊이 사랑해야 할까.

예를 들어 사랑하는 두 남녀가 탄 배가 침몰하고 있다고 생각해 보자. 구명보트에는 한 명만 더 탈 수 있는 상황이다. 당신은 어떻게 하겠는가? 당연히 사랑하는 사람을 먼저 태울 것이다. 사랑하는 사람을 구할 수만 있다면 자신의 목숨 따위는 중요하지 않다고 생각할 테니까(이렇게 생각하지 않는 사람은 말이 안 된다. 상대방을 사랑하지 않는 것이니까). 하지만 상대방도 당신을 진심으로 사랑하므로 당신을 먼저 구하려고 할 것이다. 서로 구명보트를 양보하려는 상황에서 과연 누가 구조를 받아야 할까?

이 질문에 대한 답은 없다. 아니, 이런 '궁극의 선택'을 생각하는 것 자체가 무의미하다. 왜냐하면 사랑은 하나의 행위로 측정할 수 없기 때문이다.

물론 측정할 수 있는 경우도 있다. 부모와 자식 간의 사랑이 그렇다. 자식에 대한 부모의 사랑이 부모에 대한 자식의 사랑보다 훨씬 크다. 부모와 자식 간의 사랑은 불균등한 사랑이자 불평등한 사랑이다. 이와 달리 남녀의 사랑은 항상 '대등한 사랑'이다. 측정이 무의미하고 불가능하다.

프롬은 '자기애'에 이어 '신에 대한 사랑'을 논했다. 하지만 여기서는 다루지 않겠다. 종교에 관심이 있는 사람은 《사랑의 기술》을 직접 읽어보길 바란다.

사랑이
필요한
시간

5장

The Art of Loving

사랑의 본질이 흔들리며 사랑에 의구심을 가지는 사람이 늘고 있다. 사람을 만나는데 조건이 먼저 제시되기도 하고 마치 사랑할 자격이 있는 사람이 따로 있는 것처럼 여긴다. 그로 인해 깊은 사랑을 갈망하기보다 육체적인 관계에 집중하는 모습을 보이기도 한다. 아예 사랑을 접고 벽을 세우고 외톨이를 선언하기도 한다. 단언컨대 사랑을 외면하고 즐겁게 살아갈 방법은 없다.

거짓 사랑이 판치는 세상에서 살아남기

프롬은 프로이트의 정신 분석학이 사회가 인간의 심리에 미치는 영향을 경시했다며 사회와 심리의 관계를 탐구하고자 했다.

그래서 프롬은 사랑도 현대 사회의 영향을 크게 받았다고 주장했다. 이는 좋은 영향일까? 나쁜 영향일까? 그는 《사랑의 기술》의 3장 '현대 서양 사회에서 사랑의 붕괴' 서두에서 다음과 같이 논했다.

> 현대 서양 사회의 사랑에 대해 논한다는 것은, 즉 서양 문명사회의 구조와 거기에서 발생한 정신이 사랑의 발달을 촉진했는가를 묻는 것이다. 그리고 이렇게 묻는 것은 답이 '아니다'라는 것이다. 서양 사회를 객관적으로 바라보면 형제애, 모성애, 이성애를 불문하고 사랑이라는 것이 비교적 드물게 보이며 다양

한 형태의 거짓 사랑으로 대체되었다는 것을 부정할 수 없다.
이런 거짓 사랑은 사랑의 붕괴를 나타내는 것이다.

요약하면 현대 사회의 영향으로 사랑은 붕괴했고 거짓 사랑으로 대체되었다는 것이다. 많은 현대인이 사랑이라고 생각하는 것은 실은 가짜이고 거짓이라는 말이다.

그렇다면 도대체 무엇이 현대 사회의 사랑을 붕괴시킨 것일까?

현대 사회란 어떤 사회인가?

프롬이 말하는 현대 사회는 대략 60년 전인데도 그가 논한 많은 것이 현대 사회에도 그대로 적용되고 있음에 놀라지 않을 수 없다. 적용되지 않는 부분에 대해서는 내가 보충하도록 하겠다.

현대 사회의 특징으로 제일 먼저 떠올릴 수 있는 것은 무엇일까. 현대인은 과거에 비해 훨씬 '자유롭다'는 점을 들 수 있다. 우리는 자유를 누리며 살고 있지만 과거 사람들은 여러 속박과 제약 속에서 억압된 생활을 했다. 각국에 계급 사회가 존재했고 하층 계급은 상류 계급의 지배를 받았다. 일부가 부와 권력을 독점하며 가난한 사람들을 마치 노예처럼 부렸다. 실제로 노예제도도 있었다. 잘 알다시피 미국의 링컨 대통령이 노예 해방 선언을 한 것이 1863년의 일이다. 지금으로부터 150년 전이다.

그렇다면 자유는 어디에서 온 것일까? 프랑스 혁명이 가져다준 '근대화'로부터 왔다. 그전까지만 해도 왕과 귀족, 교회가 사회를 지배했는데 근대화가 진행되면서 일반 시민에게 자유가 주어졌다. 또한 산업혁명에 의한 생산력 향상도 자유를 가져다줬다. 이에 대해서는 나중에 설명하겠다.

현대 사회의 또 다른 특징은 물질적 풍요다. 불과 100~200년 전까지만 해도 세상은 가난으로 몸살을 앓았다.

이는 전 세계 인구를 살펴보면 잘 알 수 있다. 혹시 현재 세계 인구가 몇 명인지 아는가? 유엔 통계에 따르면 2011년에 약 70억 명이고, 2018년 기준으로는 대략 약 75억 명 정도 된다. 앞으로도 계속 증가 추세를 보일지는 학자마다 의견이 분분하다. 21세기 말에는 100억 명을 넘어설 것이라는 설도 있고 이제 한계에 다다랐다고 보는 설도 있다.

인구 증가는 그만큼 인류의 생산성이 향상되었음을 의미한다. 원시 시대에 인류는 항상 굶주렸고 200년 전까지만 해도 풍요롭게 배를 채우는 일은 몹시 드물었다. 다만 물질적으로 풍요로워졌다고 해서 지구상의 모든 사람이 굶주림에서 해방된 것은 아니다. 유엔세계식량계획WFP의 조사에 따르면 현재 90명 중 1명이 굶주림에 허덕인다고 한다. 이를 계산하면 무려 8억 명이다.

이 책에서는 이른바 선진국이라 불리는 사회의 사랑에 대해서 살펴보고 있으므로 물질적인 풍요가 현대 사회의 특징이라는 점에 수긍할 수 있을 것이다. 그렇지만 여기에도 단서를 하나 붙여야 한다. 풍요로운 국가조차 가난한 나라에 비해 굶주리는 사람이 훨씬 적지만 그렇다고 단 한 명도 없는 것은 아니라는 점이다. 유니세프UNICEF(유엔아동기금)의 통계에 따르면 선진국의 아동도 7명 중 1명이 빈곤 상태, 즉 경제적으로나 정신적으로 열악한 환경에 노출되어 있다고 한다. 이를 잊어서는 안 되는데 다만 여기서는 도시에 살면서 풍요로운 삶을 영위하고 있는 절반 이상의 현대인을 생각하기로 하자.

'자유'라는 현대 사회의 특징도 이 물질적인 풍요, 즉 생산력 향상이 가져다준 것이다. 재차 언급하지만 과거에는 온종일 일해도 만족스러운 식사를 할 수 없었고 다른 일을 즐길 여유조차 없었다. 앞서 말했듯이 생산성을 비약적으로 발전시킨 것은 산업혁명이다. 그리고 이 산업혁명에 의해 탄생된 것이 바로 자본주의 사회다.

돈에 사랑도 휘둘리고 있다

오늘날 우리가 살고 있는 사회는 어떤 사회인가? '자본주의 사회'다. 이 책은 경제 서적이 아닌 데다 나 또한 경제학자가 아니므로 자세하게 설명하지는 않겠다(아니, 설명할 수 없다). 하지만 자본주의 사회가 '사랑'에 어떤 영향을 미쳤는지를 알려면 최소한의 지식은 필요하므로 아주 간략하게 훑어보도록 하겠다. 여러분이 이미 중고등학교 때 교과과정에서 배운 내용이다.

일단 인간의 본질과 관련이 있는 것인데 인간이 동물과 근본적으로 다른 점은 바로 '생산력'이다. 동물은 풀이나 열매를 따 먹거나 다른 동물을 사냥한다. 풀이나 열매가 없거나 다른 동물이 사라지면 굶어 죽을 수밖에 없다. 이와 달리 인간은 생산할 수 있고 이를 통해 삶을 영위해 나간다. 물론 과거에 인간도 동물과 마찬가지로 풀이나 열매를 따 먹거나 사냥했다. 그런데 농사를 지으며 식량을 생산할 수 있게 되었고 생활에 필요한 다양한 물건을 만들고 교환을 통해 자신이 직접 만들지 않은 다른 물건도 손에 넣을 수 있게 되었다. 이런 의미에서 인간을 인간답게 만든 것은 '노동'이라고 할 수 있다.

이제 산업혁명 시대까지 진도를 빠르게 나가보자. 생산은 노동 외에 다른 요소가 필요하다. 토지, 자본, 노동이다. 토지와 노동은 설명하지 않아도 잘 알 것이고 그렇다면 자본은 무엇일까? '자본은 곧 돈'이다. 일반적으로 "사업을 시작하려면 일단 자본이 뒷받침되어야 한다."라고 말한다. 실제로 돈이 없으면 사업을 시작할 수 없다. 수중에 큰돈이 없으면 은행에서 대출받아 사업을 시작하기도 한다. 그럼 어떤 한 사회의 자본은 어디에 있을까?

자본은 첫째 금융 자본, 둘째 물적 자본, 셋째 인적 자본의 세 가지로 나눌 수 있다. 금융 자본은 그 사회가 가진 돈으로 주식의 형태를 띠기도 한다. 물적 자본은 그 사회에 지어진 건물이나 공장을 가리킨다. 인적 자본은 직원이다.

이때까지 존재했던, 즉 자기 소유의 토지에서 농작물을 재배해 시장에 내다 팔거나 생선을 잡아서 팔거나 혹은 공예품을 만들어 파는 형태가 오늘날과 같은 자본 중심의 시스템으로 구축된 것이 바로 산업혁명 시대다.

이에 따라서 당연히 인간은 자본을 소유한 사람(자본가)과 그 밑에서 일하는 사람(노동자)으로 나뉘게 되었다. 자본가는 소수에 불과하므로 대부분 노동자(그리고 그의 가족)가 되었다. 만일 사회 환경이 인간의 심리에 아무런 영향을 미치지 않는다면 자본가든 노동자든 심리적인 측면에서 동등한 위치에 있겠지만 현실에서는 결코 그렇지 않다. 그러나 자본주의 사회에 살고 있다는 점에서 둘 다 동등하다. 그로 인해 사랑에 대한 사고방식이나 태도는 자본주의의 영향을 받는다.

앞서 언급했듯 18세기 후반부터 19세기에 걸쳐 영국에서 처음 일어난 산업혁명이 자본주의를 낳았다. 산업혁명은 별칭 '기술 혁명'이라고도 불린다. 증기 기관을 비롯한 수많은 기술 혁신을 불러

일으켰다. 이후 19세기 후반에 이르러 독일과 미국 등을 중심으로 2차 산업혁명이 일어나 중화학 공업 분야의 최신 기술을 도입함으로써 대량 생산은 더욱더 발전했다. 프롬이 고찰했던 1950년대 미국은 2차 산업혁명이 상당히 진행된 시대였다.

이후 20세기 후반에는 컴퓨터의 도입으로 3차 산업혁명이 일어났다. 현대 사회는 3차 산업혁명이 진행 중인 시대다. 따라서 프롬이 고찰했던 시대와 매우 다르지만 근본적인 것은 다르지 않다. 프롬은 다음과 같이 말했다.

자본주의가 발달한 결과, 자본은 점점 더 축적과 집중이 가속화되고 있다. 대기업은 점점 더 거대화되고 중소기업은 점점 쇠퇴한다. 기업에 투입한 자금의 소유자는 그 기업의 경영에서 점점 더 멀어져 간다. 몇만, 몇십만의 주주가 기업을 '소유'한다. 한편 경영진은 높은 연봉을 받지만 그 기업을 소유하는 것은 아니다.

우리에게 가장 중요한 것은 이런 자본주의가 인간을 어떻게 바꾸어 놓았는가 하는 문제이다. 프롬은 "개인은 개성을 잃고 소모적인 기계의 톱니바퀴가 되고 있다."라고 지적하며 현대 자본주의 사회를 사는 인간의 문제점을 다음과 같이 정리했다.

> 근대 자본주의는 어떤 사람을 필요로 할까? 아마도 집단적으로 원활하게 협력하는 사람, 질리지 않고 계속해서 소비하는 사람, 표준화된 취미를 가지고 다른 것의 영향을 쉽게 받아 그 행동을 예측하기 쉬운 사람일 것이다. 또한 자신은 자유롭고 독립된 존재라고 믿으며 어떤 권위나 주의, 양심에 굴복하지 않고, 그렇기에 명령에 스스로 따르고 기대에 부응할 수 있도록 행동하며, 마찰을 일으키지 않고 사회라는 기계에 자신을 기꺼이 끼울 수 있는 사람이다. […]
>
> 그 결과 어떻게 될까?
>
> 현대인은 자기 자신에게서도, 동료에게서도, 자연으로부터도 소외된다. 현대인은 상품화되어 자기 생명력을 마치 투자와 갈다고 생각한다. 투자인 이상 현재의 시장조건 아래에서 얻을

수 있는 최대한의 이익을 가져와야 한다. 인간관계는 본질적으로 소외된 로봇과 같은 관계가 되고 개개인은 집단에 밀착함으로써 자신의 안전을 확보하려고 하고 생각도 감정도 행동도 주변과 다르지 않으려고 노력한다.

삶에서 사랑의 순위가 밀리고 있다

앞의 인용문 마지막을 보면 '소외'라는 개념이 나온다. 이는 "어떻게 하면 사랑할 수 있는가?"를 고찰하는 데 중요한 개념이다.

일상적으로 우리는 소외를 '따돌림'의 의미로 사용한다. '모두에게 배제된 사람처럼 취급당하며 집단에 녹아들지 못하는 감정'으로 말이다. 그런데 원래 소외는 "자기 소유였던 것이 자기 것이 아니게 된다."라는 의미이다.

프롬은 《사랑의 기술》에서 이를 조금 더 깊은 의미로 사용했다. 바로 칼 마르크스Karl Marx가 분석했던 '노동의 소외'다. 마르크스는 저서 《경제학 철학 초고Ökonomisch-philosophische Manuskripte》에서 "자본주의는 노동을 소외한다."라고 논했다. 앞에서 언급했듯이 노동은 인간의 가장 근본적인 활동이다. 마르크스는 그런 노동이 자본주의 사회에서 소외되었다고 주장한 것이다.

원래 노동은 가장 인간적인 활동이며 인간은 일함으로써 보람을 느낀다. 그런데 자본주의 사회에서 인간은 자기가 원하는 대로 일할 수 없고 자본가의 명령에 따라서 움직여야 한다. 물론 최근에서야 재택근무와 같은 노동 형태가 생겨났지만 얼마 전까지만 해도 회사가 정한 시간에 출근하고 회사가 정한 시간까지 일해야 했다. 아직도 그렇게 하는 회사가 많다. 이처럼 노동자에게 노동은 더 이상 자신의 것이 아니게 되었다. 자신의 노동에서 소외되고 만 것이다. 따라서 노동자는 노동 이외의 것에서 보람을 찾아야 한다. 이런 의미에서 인간은 인간다움에서도 소외되었다고 볼 수 있다.

또한 과거에는 자신이 만든 것은 모두 자신의 소유였다. 옛 장인들은 자신이 만든 것을 시장에 내다 팔고 거기에서 얻은 돈으로 생활했다. 그러나 자본주의 사회에서는 노동자가 만든 것은 노동자의 것이 아니다. 자본가 또는 사회의 것이다. 자신이 만든 것이지만 허락 없이 집으로 가져가면 해고당할 수도 있다. 노동자는 자신의 노동 생산물에서도 소외되고 말았다.

게다가 옛 장인들과 달리 자본주의 사회에서는 노동자가 하는 일을 다른 사람이 대신할 수 있다. 반드시 그 사람이어야 하는 일이 사라진 것이다(물론 예외는 있다). 이로써 노동자는 자기다움까지 잃어버리고 말았다.

현대 사회에도 "일(노동)이야말로 나의 보람이다."라고 단언하는 사람은 많다. 하지만 그 대부분이 자본주의 시스템에 적응하고 그 안의 로봇과 비슷한 존재로 전락해 버렸기에 그렇게 생각하는 것이 아닐까?

이렇게 소외된 노동자는 노동 이외의 다른 곳에서 행복을 찾게 된다고 프롬은 말한다.

오늘날 인간의 행복은 '즐기는' 데 있다. 즐긴다는 것은 무엇이든지 '손에 넣는' 소비를 말한다. 상품, 영화, 요리, 술, 담배, 인간, 강의, 책, 영화 등을 사람들은 모든 것을 삼키고 모든 것을 소비한다. 세계는 우리의 소비욕을 만족시키기 위한 하나의 거대한 물체다. 커다란 사과, 커다란 술병, 커다란 유방이다. 우리는 이런 유방을 빨고 끝이 없는 기대를 품고 희망을 잃지 않는다. 그리고 영원히 실망한다. […]

필연적으로 사랑을 둘러싼 상황도 현대인의 이런 사회적 성격에 호응한다. 로봇은 사랑할 수 없다. 로봇은 '상품화된 인격'을 교환하고 공평한 매매를 희망한다.

노동자는 이제 노동이 아니라 오히려 소비에서 행복을 찾게 된 것이다. 더 많은 소비를 위해 더 많이 일해야 한다. 소비하기 위해 노동하는 것을 어느덧 당연하게 여기기 시작한 것이다.

우리 중에도 넓은 평수의 아파트에 살기 위해, 고급 외제차를 타기 위해, 고급 레스토랑에서 식사하기 위해, 해외여행을 가기 위해 일한다고 생각하는 사람이 있지 않은가? "그게 뭐가 이상해요?", "어느 시대든 그렇지 않았나요?"라며 의아해하는 사람도 있을 텐데 원래 인간은 노동 그 자체에 보람을 느꼈다.

지금도 자신이 하고 싶은 일, 좋아하는 일만 하면서 사는 사람도 있다. 하지만 그렇지 않은 사람이 압도적으로 훨씬 더 많다. 압도적으로 더 많은 사람이 노동보다 소비에서 행복을 찾는다. 그래서 '사랑'도 소비의 대상으로 전락하고 만 것이다. 프롬의 말을 빌리자면 사랑은 붕괴 되었고 거짓 사랑으로 대체되었다.

그렇다면 어떤 사랑이 거짓 사랑일까? 그의 예로 결혼에 대해서 생각해 보자. 물론 '사랑=결혼'은 아니지만 결혼의 현재 모습에서 사랑의 현재 모습을 엿볼 수 있다.

사랑의 기준도 시대에 따라 변한다

우리가 사랑하는 사람과 결혼할 수 있게 된 것은 최근의 일이다. 앞서 언급했듯이 200여 년 전까지만 해도 양쪽 집안의 부모나 공동체의 수장이 정한 상대와 결혼했다. 결혼은 당사자의 감정과는 무관한 사회 제도였다. 노동력이 필요해서 며느리를 들이거나 집안의 대를 잇기 위해서 사위를 맞이했다.

이런 풍습은 19세기 무렵부터 서서히 바뀌어 왔고 연애결혼이 주류를 이루고 있다. 현대 사회에서는 대부분 연애결혼을 하는데 과연 이것이 연애 감정에만 의한 것일까? 아마도 그렇지 않을 것이다. 프롬은 자본주의 사회에서는 결혼도 시장과 교환의 원리에 영향을 받는다고 지적했다.

연애결혼이란 바꾸어 말하면 자유 선택이다. 이전과 달리 스스로 결혼 상대를 선택할 수 있다는 뜻이다. 그런데 문제는 '사랑한다', '좋아한다'라는 감정이 유일한 선택의 기준인가 하는 점이다.

가능하다면 돈이 많고(고연봉자, 자산가 등) 사회적 지위가 높은 이성과 결혼하고 싶다는 사람들이 적지 않다. 남성(여성) 또한 그렇다. 외모가 아름답고(귀엽고) 성격이 좋은 사람과 결혼하고 싶다고 바란다. 사람의 취향은 제각각이니 '이런 사람과 결혼하고 싶다'라는 바람은 다양할 것이다.

그렇다면 배우자를 선택할 때 '진실한 사랑'은 얼마나 큰 비중을 차지할까? 그림으로 나타내면 인간의 정중앙에 '사랑'이 자리하고 그의 바깥쪽에 성격이나 인품, 그보다 더 바깥쪽에 수입이나 사회적 지위가 자리한다고 하자. 사람들은 어느 것을 더 중요하게 여기며 결혼을 결심할까?

물론 상대방의 경제력(높은 연봉)만 보고 결혼했다고 결혼 생활이 원만하지 않은 것은 아니다. 하지만 행복한 결혼 생활을 보내고 있더라도 과연 그것이 '진심으로 행복한 결혼 생활일까?' 하는 의문은 남는다. 왜냐하면 앞에서 프롬이 말한 것과 같이 자본주의 사회에서는 영혼과 영혼이 합일을 이루는 정신적인 것보다 단순한 쾌락, 즉 맛있는 음식을 즐기거나 풍요로운 삶을 누리는 것에서 행복을 찾는 사람이 더 많기 때문이다.

"물질적인 풍요가 제일 중요하다.", "수준 높은 생활이 중요하다."라고 말하는 사람은 타인을 진정으로 사랑할 수 없다. "그럴지 수도 있겠지만 나는 상관없다. 나는 여유롭고 풍요로운 삶이 사랑보다 훨씬 중요하다."라고 단언하는 사람도 있다. 아마도 이런 사람은 《사랑의 기술》이라는 책에 별다른 흥미를 보이지 않을 것이다. 그러므로 "현대 사회에서 사랑은 그리 중요하지 않다."라고 말하는 사람에게는 해줄 말이 없다. 이러한 관점에서 내게 오직 사랑을 중요하게 생각하느냐 그렇지 않느냐 하는 문제로 인간을 양분한다고 비판해도 좋다. 중요하다고 생각하지 않는 사람은 처음부터 이 책을 읽지 않을 테니까.

또한 1장에서 언급했듯이 현대 사회에서 사람들의 관심은 '사랑하는 것'보다 '사랑받는 것'에 치우쳐 있다. 이해하기 쉽게 표현하면 '인기가 많은 것'을 중요하게 생각한다. 이 역시 자본주의 영향으로 자신을 되도록 '비싸게 팔려는 것'이다. 자본주의 사회에서는 인간이 상품으로 전락해 버렸기 때문이다.

따라서 이런 사람은 자신이 바라던 결혼을 하고 행복해졌을지라도 그의 행복은 '비싸게 팔았다'라는 기쁨에 지나지 않는다. 마치 인터넷에서 중고품을 비싸게 팔았을 때 느끼는 기쁨과 별반 다르지 않다고 나는 생각한다.

사랑과 섹스를 동일시하지 마라

결혼 다음으로 섹스를 통해 현대 사회의 사랑에 어떤 문제점이 있는지 살펴보자.

생물의 궁극적인 목표는 생식과 그에 따른 자손 번영이다. 모든 생물은 자손을 남기려고 한다. 이것이 무생물과 다른 점이다. 그래서 인간 이외의 생물은 본능에 이끌려 생식을 한다. 그런데 인간은 이미 언급했듯이 본능이 망가져 섹스와 생식이 괴리되었다. 원래 섹스는 자식을 만들기 위한 행위다. 물론 현대 사회에서도 자식을 만들기 위해 섹스가 존속하고 있지만 오로지 자식을 만들기 위한 행위는 아니다. 생식을 위한 것이 아닌 섹스가 오히려 주류를 이루고 있다.

물론 모든 시대가 그랬던 것은 아니다. 예전 유럽에서 기독교 교회가 절대 권력을 가졌을 때 교회는 신자에게 자식을 만들기 위한 섹스만 허용했지 이외의 섹스는 엄하게 금했다. 또한 불과 몇 년 전까지만 해도 사회 전반적인 풍토는 '결혼할 때까지 섹스는 해서는 안 된다'라는 암묵적 통제가 형성되어 있었다. 이것이 1960년부터 크게 달라졌다. 60년대 중반에 '프리 섹스'라는 단어가 유행하면서 '혼전 섹스'라는 단어도 생겨났다. 이때까지 섹스는 부부 사이에서만 생각할 수 있는 행위였는데(어디까지나 표면적으로) 결혼 전이라도 혹은 결혼 후라도 배우자 이외 사람과 섹스해도 괜찮다는 풍조가 고조되었다.

그래서 사랑과 섹스의 관계가 모호해지고 만 것이다.

프롬에 따르면 1930년대에는 상호 간의 성적 만족을 애정 관계(특히 결혼)의 기반으로 여기는 사고방식이 지배적이었다. 이혼의 원인을 대부분 '성격 차이'가 아닌 '성적 차이', 올바른 '성적 적응'을 이룩하지 못했다는 데서 찾기도 했다. 부부 중 한 사람 혹은 쌍방이 올바른 성행위에 대해 알지 못한 탓이라며 성 기교를 해설한 책이 다수 출판되기도 했다.

이러한 사고방식의 배경에는 성적 쾌락이 사랑을 낳는다, 두 사람이 서로 성적으로 만족하면 둘은 자연스럽게 서로를 사랑하게 된다는 생각이 깔려 있다. 이에 대해 프롬은 올바른 기술을 사용하면 공업적 생산의 문제점뿐만 아니라 인간 생활의 전반적인 문제점을 해결할 수 있다는, 이른바 기술만능주의에서 나온 생각이라고 지적했다.

> 사랑이 적절한 성적 만족의 결과 아니라, 성적 만족이—이른바 성 기교조차도—사랑의 결과다.

그의 증거로 프롬은 여성의 불감증(즉 '느낌이 없다'는 증상)과 남성의 발기부전(즉 '서지 않는다'는 증상)을 들었다. 이들의 원인은 올바른 성 기교를 몰라서가 아니라 "사랑을 불가능하게 만드는 억압에 있다."라고 말했다.

무엇이 사랑을 억압하는가 하면 불감증 여성과 발기부전 남성의 심리 저변에 깔린 '이성에 대한 공포 혹은 증오'다. 따라서 이런 공포나 증오에서 해방되지 않는 한 성 기교에 대한 지식을 아무리 축적해도 문제는 해결되지 않는다.

프롬은 이런 잘못된 사고방식이 널리 퍼지게 된 데는 프로이트에게 책임이 있다고 말했다. 실제로 프로이트는 앞서 언급했듯이 생물학적인 사고방식의 소유자로 '사랑의 기원은 생식'이라고 생각했다.

프로이트에 따르면 인간에게 가장 큰 쾌락과 만족을 주는 것은 섹스라고 했다. 인간의 가장 강한 욕구는 성욕이며 이것이 만족되었을 때 가장 큰 행복을 느끼기 때문이다. 이에 대해 프롬은 다음과 같이 반론했다.

> 남성이든 여성이든 멈출 줄 모르는 성적 만족에 인생을 송두리째 바치려는 사람은 행복을 얻을 수 없다. 그러기는커녕 심각한 심정적 갈등에 빠지거나 신경증 증상에 시달릴 수 있다. 모든 본능적인 욕구를 완벽하게 만족시키는 것은 행복의 기초가 아닐 뿐만 아니라 정상적인 정신조차 잃어버릴 수 있다.

노자키 고스케野崎幸助의 자서전 《기슈의 돈 후안紀州のドン·ファン》을 본 적이 있는가? 이 책을 읽었을 때 나는 프롬이 인용한 이 대목이 떠올랐다. '미녀 4천 명에게 30억 엔을 바친 남자'라는 소제목을 보고 '노자키 고스케가 여성에게 그렇게 인기가 많았구나'라는 생각이 들어 무척 놀라웠다. 그리고 그가 어떤 사람인지 궁금해서 읽어봤는데 실망 그 자체였다. 그는 인기가 많았던 것이 아니라 여성을 돈으로, 그것도 30억 엔이나 쏟아부어서 산 것이었다. 소제목에 '30억 엔을 바쳤다'기에 사랑하는 여성에게 이런저런 선물을 사줬다고 생각했는데 아니었다. 그는 오로지 젊은 여성과 섹스하기 위해 열심히 돈을 벌고 모았던 것이다.

어쨌든 그에게 섹스는 삶의 보람이었다. 평생을 바친 것 같은데 자서전을 읽어보면 전혀 행복해 보이지 않아서 안쓰러웠다. 그는 여성을 사랑한 것이 아니라 분명 '섹스 의존증'과 같은 병에 걸렸던 것이 아닐까? 참고로 그는 2018년에 급사했다. 막 결혼한 55세 연하의 아내가 용의자로 지목되면서 세간의 큰 주목을 받았다. 내가 이 책을 집필하고 있을 때까지도 아직 사인은 밝혀지지 않은 상태였다.

성적 만족을 위해 사랑을 버리지 마라

그렇다면 사랑과 섹스는 어떤 관계일까? 앞서 프롬은 "사랑이 적절한 성적 만족의 결과 아니라, 성적 만족이—이른바 성 기교조차도—사랑의 결과다."라고 말했다. 바꾸어 말하자면 사랑 없는 섹스는 쾌감을 가져다주지 않는다는 뜻이다. 그러나 실제로 사랑이 가져다주는 행복과 섹스에 의한 쾌감은 일치하지 않는다. 그의 증거로 고대부터 현대에 이르기까지 어느 시대든 '매춘'이 있었다. 여성(간혹 남성)을 돈으로 사는 시스템이다. 매춘은 인류 역사상 가장 오래된 직업이라고 일컬어진다. 자본주의 사회가 정착되면서 직업으로 확립되었는데 이는 자본주의가 모든 것을 상품화했기 때문이다.

매춘은 의심할 여지없이 '사랑 없는 섹스'다. 물론 섹스로 인해 사랑이 싹트기도 한다. 하지만 돈을 섹스의 대가로 치른 남성은 대개 성적 만족을 얻을 뿐이고 매춘부는 돈을 얻을 뿐이다. 그런데 매춘이 현대 사회에서도 건재하다는 것은 "사랑 없는 섹스가 실제로 존재한다.", "상품으로 가치를 가진다."라는 의미이다.

과거에는 생활 형편이 좋지 않거나 가족을 부양해야 했던 여성이 어쩔 수 없이 매춘하기도 했다. 지금도 이런 여성은 있지만 생활만을 위해서라기보다 사치하고 싶어 매춘하는 여성도 적지 않다. 값비싼 명품이 사고 싶어서 말이다. 이런 점에서 매춘이라는 직업에 대한 진입 장벽이 꽤 낮아진 듯하다.

그런데 문제는 직업으로서 매춘이 아니라 '보이지 않는 매춘'이다. 종종 '결혼은 합법적인 매춘'이라고 말하곤 한다. 실제로 여성의 성적 매력에 끌려 결혼한 남성도 있다. 물론 반대의 경우도 있다. 꼭 결혼만이 아니더라도 고가의 선물이나 고급 레스토랑에서 식사하는 대가로 남성에게 섹스를 제공하는 여성도 있다. 여기에 사랑이 없다면 사랑 없는 섹스라고 치부하면 그만인데 과연 그럴까?

반대로 고가의 선물을 주거나 고급 레스토랑에 데려가는 남성에게 여성이 끌리는 경우도 있다. 프로이트는 이런 남성 선택을 '의탁형'이라고 했다. 여성이 남성을 선택할 때 자신을 지켜주고 안락한 생활을 보장해 줄 수 있는 남성을 선택하는 경향이 있다는 것이다. 그렇지만 이 역시 진정한 사랑은 아니다.

그렇다면 서로 사랑하는 두 사람 사이의 섹스를 우리는 어떻게 바라봐야 하는가?

이는 매우 어려운 문제다. 내가 남자이니 일단 남성에 대해 언급하겠다. 남성은 사랑이 없어도 성적 매력이 넘치는 여성과 섹스하고 싶다는 욕망을 품고 있다. 물론 모든 남성이 그러는 것은 아니다. 실행에 옮기는 사람도 있고 '안 된다'라며 욕망을 억누르는 사람도 있다. 또한 사랑한다고 반드시 상대방에게 성적 매력을 느끼는 것도 아니다. 사람에 따라 다른데 다만 한 가지 확실하게 말할 수 있는 것은 사랑 없는 섹스는 섹스가 끝난 후에 허무함과 후회가 밀려든다는 사실이다. 하지만 이 역시 모든 남성에게 해당한다고 말할 수 없다. 매춘부와 섹스하고 행복감에 젖는 사람도 있을지 모르니까.

여성도 남성과 마찬가지로 사랑 없는 섹스를 나눈 후에 허무함과 후회가 밀려오기는 마찬가지가 아닐까? 만일 서로 깊이 사랑한다면 이런 허무함이나 후회는 없을 것이다. 오히려 프롬이 말한 것(성적 만족이 사랑을 낳는 것이 아니라 사랑이 성적 만족을 가져다 준다)과 모순되지만 성적 만족이 사랑을 더욱 강하고 깊게 만들 수도 있지 않을까.

비혼주의자도 사랑을 멀리하면 안 된다

프롬에 따르면 현대 사회에서 소외된 구조를 가진 결혼의 또 다른 형태가 '팀워크' 개념이다.

실제로 결혼식 축사에서 '좋은 동반자', '최강의 팀'과 같은 표현을 많이 쓴다.

결혼 상담자는 이렇게 말한다—남편은 아내를 '이해'하고 협력해야 한다. 새 옷이나 요리를 칭찬해야 한다. 한편 아내는 남편이 지쳐 기분이 좋지 않은 채로 집에 돌아왔을 때 위로하고 남편이 사업상의 고민을 털어놓을 때는 진심을 다해 들어주고 남편이 아내의 생일을 잊었을 때도 화내지 말고 이해해야 한다—라고.

이 대목을 읽으면 '좋은 말이군', '나쁜 게 하나도 없네'라고 생각할 것이다. '팀워크'라는 개념도 나쁘지 않다는 생각이 든다. 그런데 위의 인용처럼 행동하는 배려에 "과연 사랑이 존재하는가?"라는 것이 문제다.

서로 다른 두 사람이 팀을 결성하는 이유는 현대 사회에서 점점 더 깊어가는 고독에서 벗어날 수 있기 때문이다. 그래서 팀을 해체하는 일이 생기지 않도록 서로를 배려해야 한다. 진심으로 사랑하는 사이라도 서로 배려해야 관계가 악화되지 않는다.

그러나 프롬은 말한다. 상대방을 배려하는 데만 신경을 쓰는 것은 '알맹이 없는 사랑'이라고. 진심의 사랑은 상대방의 본질까지 파고들어 침투하는 것이기 때문이다. 이를 회피한 채 표면적으로만 배려해서는 안 된다고 지적하는 것이다.

현대 사회는 '팀워크' 정신을 과도하게 중시한 나머지 결혼보다 훨씬 더 심각한 문제를 일으킨다. 바로 '결혼하지 않겠다', '연애하지 않는다', '팀을 만들지 않겠다', '혼자 산다' 등 비혼과 불혼을 표방하는 삶의 방식이 늘고 있기 때문이다.

최근 들어 '1인 가구', '나홀로족'이라는 말을 자주 듣는다. 일본에서는 '오히토리사마おひとりさま(한 분)'라는 말이 유행하고 있다. '오히토리사마'는 패밀리 레스토랑에 혼자 방문한 고객에게 직원이 던지는 질문이다. 번역하면 "혼자 오셨습니까?", "한 분이신가요?"라는 뜻이다. 여기에서 생겨난 유행어인데 나는 이 말이 듣기 거북하다. 혼자인 것을 긍정하는 뉘앙스가 풍기기 때문이다.

"혼자 온 게 나빠?", "혼자서도 충분히 인생을 즐기고 있어."라며 따지는 사람도 있겠지만 이는 현대 사회에 확산된 일종의 환상에 지나지 않는다. 3장에서 언급했듯 인간은 절대 혼자 살 수 없다. 다른 사람이 없으면 살 수 없는데 '혼자서도 괜찮다', '아무렇지 않다'라며 안심하도록 사회가 분위기를 조장하고 있는 것처럼 느껴진다.

자본주의 사회는 혼자 있어도 고독하지 않은 사람이 많을수록 유리하다. 소비 증대의 측면에서 사람들이 따로 떨어져 살아야 경제가 성장할 수 있다. 과거처럼 삼 대가 한 지붕 아래 살던 시대를 떠올려 보자. 텔레비전, 세탁기, 냉장고 등 가전제품이 한 대만 있으면 족했다. 그런데 핵가족화가 진행되면서 가족은 뿔뿔이 흩어져 살기 시작했다. 한 집에 한 대의 가전제품이 필요해졌다. 당연히 소비가 늘어날 수밖에 없다.

자본주의 사회의 모든 원칙은 소비다. 물건이 팔리고 돈이 원활하게 돌아야 사회 전체가 유동적으로 움직인다. 이렇게 보면 우리의 삶과 행동은 자본주의라는 눈에 보이지 않는 거대한 힘에 의해 조작당하고 있는 것처럼 보인다. 하지만 이런 느낌이 반드시 틀렸다고 할 수 없다.

어쨌든 인간은 혼자 살 수 없다.

엄마 품에서 벗어나야 사랑이 뿌리내린다

프롬은 현대 사회에서 자주 목격되는 미성숙한 사랑의 예로 '마마보이', '마더 콤플렉스'에 대해 논했다.

일단 '마더 콤플렉스mother complex'라는 단어를 간단하게 설명하겠다. 많은 사람이 '마더 콤플렉스'의 '콤플렉스'라는 단어를 '열등감'이라는 의미로 오해한다.

원래 콤플렉스는 '복합'을 의미한다. 중고등학교 영어 시간에 단문과 복문에서 배운 적이 있을 것이다. 영어로 말하면 단문은 심플 센텐스simple sentence, 복문은 콤플렉스 센텐스complex sentence다. 콤플렉스(복합)는 몇 개가 조합되어 있다는 뜻이다.

이 개념을 널리 확장시킨 사람은 스위스의 심리학자 칼 구스타프 융Carl Gustav Jung이다. 프로이트도 이 개념을 자신의 이론에 도

입했다. 칼 구스타프 융은 우리 마음에는 다양한 관념이라고 해야 할까? 아니면 이미지라고 해야 할까? 아무튼 이와 비슷한 요소가 가득 차 있다고 했다. 이들 중 몇 개가 서로 합쳐져 콤플렉스(복합체)를 형성하고 이것이 자극받으면 다른 부분보다 더 격렬하게 반응한다고 주장했다.

예를 들어 작은 가슴 사이즈에 열등감을 느끼는 여성은 '유방', '가슴'이라는 단어만이 아니라 '작다', '빈약하다', '없어 보인다' 등 사이즈와 연관되는 다양한 표현에 민감하게 반응한다. 이를 본인은 자각하지 못하는 경우가 많다. 그래서 스스로 인지하지 못하고 자신이 민감하게 반응했을 때 '엇, 나한테 이런 콤플렉스가 있구나!' 하고 알아차린다는 것이다.

따라서 콤플렉스는 '자신이(대개는 무의식적으로) 신경을 쓰고 있는 것'을 의미한다. 마더 콤플렉스가 강한 사람은 어른이 되어서도 엄마에 대한 애착을 버리거나 끊지 못한다. 엄마에게 독립하지 못하거나 엄마의 사랑과 칭찬을 계속 받고 싶어 하는 것이다.

4장에서 언급했듯 엄마란 아무 조건 없이 나를 사랑해 주는 존재이자 잘못을 저질러도 너그러이 용서해 주는 존재다. 그래서 마더 콤플렉스가 강한 남성은 상대 여성이 자신을 조건 없이 사랑해 주길 바란다. 보통 여덟 살 반부터 열 살 사이의 아이들은 '사랑받는 것'만이 아니라 스스로 능동적으로 '사랑하는' 능력을 익힌다. 그런데 마더 콤플렉스가 강한 남성은 그 이전 단계에서 성장이 멈췄기에 사랑받는 것밖에 모르고 스스로 사랑할 줄 모른다.

이런 성향의 남성은 여성을 유혹할 때 매우 자상하며 자신의 매력을 총동원한다. 또한 허영심이 강하고 과대망상적인 경향을 보이기도 한다. 자신에게 딱 맞는 여성을 발견하면 과할 정도로 크게 기뻐하고 자신의 매력과 자상함을 온힘을 다해 어필한다. 그래서 여성의 입장에서 매력적인 남성으로 느끼도록 만든다.

이런 남성은 일방적으로 상대 여성에게 엄마와 같은 역할을 기대하므로 만일 여성이 그런 기대에 부응하지 않으면 상처받는다. 자신은 최선을 다하는데 그런 자신을 칭찬해 주지 않으니 직성이 풀리지 않는 것이다. 상대 여성이 '네, 네', '그래요'라며 그가 말하는 대로 하면 괜찮다. 하지만 조금이라도 상대 여성이 자기 뜻을 주장하려 들면 "나를 사랑하지 않는 거야?"라고 따진다.

물론 마더 콤플렉스 성향을 가진 남성과 원만한 결혼 생활을 유지하는 경우도 있다. 남편의 그런 성향을 꿰뚫어 보고 마치 어린 남자아이 대하듯 남편을 대하는 경우다. 그러면 남편은 만족한다. 엄마처럼 남편을 사랑하고 보듬기를 좋아하는 아내라면 마더 콤플렉스를 가진 남편과 원만하게 지낼 수 있다. 그런데 대개 여성은 머지않아 질리고 만다.

프롬은 마더 콤플렉스(어머니 중심적인 사람)에 대해 설명했다. 이 부분에 한해 일본 사회는 조금 다르다. 일본은 모친의 영향이 강한 나라다. 일본의 아내들은 실제로 엄마와 같은 존재다. 술집이나 와인바에서 일하는 여자 주인이나 점장을 '마마'라고 부르는 나라가 일본이다. 그러니 유럽이나 미국보다 어머니 중심적인 사람이 많다.

마더 콤플렉스의 원인은 당사자가 아닌 모친에게 있는 경우가 많다. 이미 언급했듯 엄마는 자식에게 젖과 꿀을 주는 존재인데 부정적인 측면도 갖고 있다. 어떤 엄마는 자식을 자신의 소유물로 간주하고 지배하려 든다. 심리적으로 자식을 자기 마음대로 통제하려는 파괴적인 엄마도 있다. 세계 각국의 신화나 고전을 읽어보면 왕자가 괴물을 물리치는 이야기가 등장하는데 이는 모친의 주술에 맞서 싸우는 남자아이를 상징한다.

현대 사회는 마더 콤플렉스가 점차 늘고 있다고 한다. 과거의 엄마들은 집안일을 하느라 정신이 없었고 자식을 감싸고 돌만큼 여유도 없었기에 자식을 지배할 수 없었다. 그런데 현대 사회의 일부 엄마들은 생활에 여유가 생겼다. 자연히 시간이 남아돌아 자신의 에너지를 자녀에게 쏟게 된 것이다. 어떤 측면에서는 전업주부보다 차라리 남편과 맞벌이하는 직장맘이 오히려 자녀에게 보다 안전하고 긍정적인 영향을 준다고 말하는 사람도 있다.

한편 여성에게 나타나는 '파더 콤플렉스'는 마더 콤플렉스만큼 그리 심각하지는 않다. 아무튼 엄마에게 독립하지 못한 마더 콤플렉스의 남성을 여성(혹은 아내)이 잘 돌봐 어른으로 성장시키는 것은 해결책이 아니다. 남성 스스로 자신의 콤플렉스를 자각하고 성장하려고 노력해야 한다. 그것만이 명쾌한 해결책이 될 수 있다.

사랑을 모르기에 사랑을 노래한다

사랑과 관련해 현대 젊은이의 가장 큰 특징은 주인공이 죽음을 맞이하는 청춘 연애물에 열광한다는 점이다. 〈세상의 중심에서 사랑을 외치다世界の中心で,愛をさけぶ〉라는 영화가 이를 더욱더 가속화시켰다. 2001년에 출판된 가타야마 교이치片山恭一의 동명 소설을 2004년에 영화화한 작품으로 오사와 다카오大沢たかお, 시바사키 고우柴咲コウ가 주연으로 열연을 펼쳤다. 이후 대중의 인기는 식을 줄 몰랐고 야마다 다카유키山田孝之, 아야세 하루카綾瀬はるか가 주연을 맡아 TV 드라마로 제작되기도 했다.

2015년에 출판된 스미노 요루住野よる의 청춘 소설 《너의 췌장을 먹고 싶어君の膵臓をたべたい》도 베스트셀러 반열에 올랐다. 2017년에는 실사 영화로, 2018년에는 애니메이션으로 제작되었다. 이 밖에도

《천사의 알天使の卵》, 《100번 울기100回泣くこと》 등이 있다.

주인공이 죽음을 맞이하는 연애담은 새로울 것이 하나 없는 이야기다. 과거 나는 이토 사치오伊藤左千夫라는 가수이자 소설가가 쓴 《들국화 무덤野菊の墓》이라는 소설을 읽었다. 이 책은 메이지 시대의 소설로 나쓰메 소세키도 높이 평가한 작품이다. 오래도록 사랑받은 스테디셀러이기도 하다. TV 드라마로 여러 번 제작되었고 세 번이나 영화로 만들어졌다. 1981년 마지막으로 제작된 영화에서는 마쓰다 세이코松田聖子가 주연을 맡았다.

아무튼 청춘 연애 이야기는 전 세계적으로도 늘 다뤄왔던 소재 중 하나인데 유독 큰 인기몰이를 하는 이유는 무엇일까? 그리고 주인공은 왜 죽음을 맞이하는 것일까?

그 이유는 남녀 간의 사랑이 아름다운 상태로 끝나기 때문이다. 만일 두 남녀가 사랑으로 결혼하고 함께 살아간다면 이런저런 일들이 생긴다. 청춘 남녀의 아름다운 사랑이 그대로 지속되리라는 보장도 없다. 부부싸움, 불륜 등 불행한 일도 생길지 모른다. 그런데 어느 한쪽이 죽으면 사랑은 기억 속에 오래도록 아름답게 남는다. 그래서 작가는 주인공을 죽음으로 몰아간다.

그런데 문제는 이런 소설이나 영화에 그려진 사랑이 미성숙한 사랑이라는 점이다. 이런 미성숙한 사랑을 찬미하는 행동에는 성숙한 사랑을 부정하게 만드는 위험이 도사리고 있다.

옛날부터 사람들은 '성숙한 사랑'보다 '청춘' 혹은 '어딘지 모르게 미숙하고 어리숙한 모습'을 동경하고 찬미하는 경향이 강했다. 이래서는 성숙하고 진정한 사랑을 경험할 수 없다고 프롬은 말했다.

《사랑의 기술》은 3장까지가 '이론편'이고 마지막 4장이 '실천편'이다. 4장 '사랑의 실천'으로 들어가기 전에 다음 글을 인용하면서 이번 장을 마치고자 한다.

두 사람이 자신의 존재 중심과 중심으로 의지가 통했을 때, 그들이 자신의 존재 중심에서 자기 자신을 경험할 때 비로소 사랑이 탄생한다. 이 '중심의 경험'에 인간의 현실이 존재한다. 인간의 생生은 거기에 있고 사랑의 기반도 거기에만 존재한다. 이런 경험을 기반으로 한 사랑은 끊임없는 도전이다. 그것은 휴식처가 아니라 활동이며 성장이며 공동 작업이다. 그에 따른 조화, 갈등, 기쁨, 슬픔의 문제는 부차적인 문제이다. 근본적인 문제는 두 사람이 서로의 존재 본질에서 자신을 경험하고 자기 자신으로부터 도피하는 것이 아니라 자기 자신과 합일을 이룸으로써 상대방과 합일을 이루는 것이다. 사랑을 증명하는 것은 단 하나, 두 사람의 관계의 깊이, 생명력과 강인함이다. 이것이 결실 맺을 때만 사랑이 인정된다.

사랑을 위한 조건

6장

The Art of Loving

사랑에 겁을 내지 말자. 사랑을 위해 필요한 몇 가지 기술만 알게 되면 사랑에 자신이 생긴다. 사랑에 조건이 있다고 하면 경제력이나 외모나 기타 사랑의 대상이 되려고 하는 조건을 떠올리겠지만 이는 변질된 사랑의 형태를 위한 조건이다. 에리히 프롬의 사랑의 범위와 기술은 다르다. 우리 사회에 사그라져가는 사랑에 대한 심폐소생술이다. 그 조건을 지금 알아보자.

사랑을 위한 처방전을 받아들자

《사랑의 기술》의 마지막 4장은 '사랑의 수련'이다. 멋스럽게 '수련'이라고 번역했는데 원문은 'practice'다. 프롬의 의도에 근접한 표현에서 보면 '연습'에 해당한다.

재차 말하지만 《사랑의 기술》은 구체적인 연애 기술을 전혀 언급하지 않는다. 프롬은 4장 서두에서 처방전을 기대하는 독자가 "실망하게 될까 두렵다."라며 다음과 같이 썼다.

> 사랑은 개인적인 경험이며, 직접 경험하는 것 외에 그것을 경험할 수 있는 방법이 없다. […]
>
> 사랑의 연습에서 무엇이 가능한가 하면 사랑의 기술의 전제 조건, 즉 사랑의 기술에 대한 접근 그리고 사랑의 전제 조건과 접

근의 실용에 관해 논하는 것뿐이다. 이러한 목표로 향하는 계단은 오로지 자기 발로만 오를 수 있다. 결정적인 한 발을 내디딤으로써 논의는 끝난다.

이는 '사랑의 수련' 이전 단계를 서술하겠다는 의미이다. 일단 그것을 배워야 사랑을 실천할 수 있기 때문이다.

이제부터 프롬이 4장에서 언급한 사랑의 기술 전제를 순서대로 살펴보도록 하자. 먼저 사랑의 기술을 습득하려면 전제 조건으로 세 가지가 필요하다. '규율', '집중', '인내'다. 이 세 가지는 사랑의 기술 습득은 물론 무언가를 배울 때도 항상 기본이 된다. 즉 당연히 갖추어야 하는 마음가짐이다. 사랑과 반드시 관련이 있는 사항은 아니므로 한시라도 빨리 사랑을 알고 싶은 사람은 그냥 넘어가도 좋다. 하지만 보편성을 가지고 일상에서 무언가를 배울 때 도움이 되므로 읽어서 손해 볼 일은 없다. 선택은 당신 몫이다.

스스로 규율을 정하고 익숙해지자

먼저 '규율'을 짚어보자. 자신이 무언가를 연습하고 싶고 습득하고 싶다면 매일 정해진 시간에 '이렇게 하겠다', '저렇게 하겠다'라고 하며 자신에게 스스로 규율을 부여한다. 이는 운동, 악기, 공예처럼 모든 분야에 해당한다. 물론 공부까지도.

'너무 당연한 것' 아니냐고 반문할지 모르지만 프롬은 현대인에게 의외로 어려운 일이라고 짚었다. 예를 들어 회사에 출근하는 사람은 아침 9시부터 저녁 6시까지 매일 엄격하게 규격화된 업무를 처리하는데 이런 규율은 회사에서 강요한 것이기에 가능하다. 자신이 받는 월급과 연결되기에 여기서 벗어날 수 없는 것이다. 그러나 잠시 잠깐 일에서 멀어지면 현대인은 그에 대한 반동으로 게으름을 피우고 빈둥거리고 싶어 한다. 좋게 표현하면 여유로운 시간을 보내면서 '긴장을 풀고' 싶어 한다. 이럴 때 자신에게 스스로 규율을 부여하지 못한다. 오히려 규율로부터 해방감을 느끼고자 할 뿐이다.

현대인은 권위주의에 맞서 자유를 쟁취했기에 모든 규율을 불합리하다고 생각한다. 자신이 만든 규율조차 의심하게 된다. 프롬은 '이게 최선인가?', '이렇게 치열하게 살아야 하는가?'라고 생각하며 자기 검열에 주의해야 한다고 했다. 그러면서 할아버지 세대는 현대인보다 편하게 규율을 익힐 수 있었다며 예로 들었다. 할아버지 세대는 일찍 일어나 열심히 일하고 불필요한 사치를 즐기지 않는 삶에 익숙했기 때문이다. 그들은 근검절약과 소박함을 삶의 원칙으로 삼으며 금욕적으로 살았다. 원래 규율은 '고통스러운 것'이라고 여겼고 '고통스러운 것이니 좋다', '참고 견디면서 하는 것이니 좋다', '스스로 통제할 수 있어야 한다'라고 생각했다. 이런 삶을 현대인은 흉내조차 낼 수 없다. 아니, 흉내 내거나 따라 하고 싶어 하지 않는다. 자기 제압과 통제를 견디지 못할 뿐 아니라 그 방법은 지속하기 어렵다는 사실을 알기 때문이다.

중요한 것은 외부로부터 부여된 규율처럼 연습한다고 되는 일이 아니다. 규율이 자기 자신의 의지 표현으로 즐겁게 느껴지고 어떤 종류의 행동에 조금씩 익숙해져 결국 그것을 그만두었을 때 부족하다고 스스로 느껴야 한다.

운동을 예로 들면 과거에는 '지옥 훈련'이 최고였다면 지금은 즐기는 것을 더 중요하게 생각한다. 물론 모든 연습이 마냥 즐거울 수만은 없다. 고통이 따른다. 하지만 이를 어떻게 받아들이느냐에 따라 고통의 양상은 전혀 달라진다.

내면의 소리에 귀 기울이면 들린다

다음은 '집중'이다. 집중은 사랑의 기술을 습득하는 데 반드시 필요조건이다. 그런데 현대인은 집중하기를 간과한다는 게 프롬의 견해이다. 실제로 지하철 안에서 주위를 둘러보면 과반수가 스마트폰 화면만 쳐다보고 있다. 무미건조하게 느껴지기도 하고 때로는 섬뜩하기도 하다. 그나마 웹툰이나 소설 등을 읽거나 게임을 한다면 나은 편이다. 대개는 소셜 네트워크나 유튜브 등 인터넷 세상에 빠져 허우적댄다.

사람들은 오롯이 무언가에 집중하거나 혼자 가만히 있는 것을 힘들어한다. 지하철에 앉아 곰곰이 생각에 잠기거나 창밖을 보며 생각을 정리하기보다 스마트폰이라도 보며 무언가를 하려고 한다. 그렇지 않으면 시간을 낭비한다고 생각하는 것 같다. 한편 일부러 절에 찾아가 좌선하는 사람도 있다. 이 역시 현대인의 문제점을 대변해 주는 것 아닐까? 이렇게라도 하지 않으면 점점 더 명상이나 사색에서 멀어질 테니 말이다.

프롬은 명상을 중요하게 생각했다.

(단정하지 못하거나 몸을 곧게 세운 자세가 아닌) 편안한 자세로 의자에 앉아 눈을 감고 눈앞의 새하얀 스크린을 떠올려 본다. 방해하는 영상이나 상념을 모두 제거하고 자연스럽게 호흡한다. 호흡에 신경을 쓰거나 무리하게 호흡을 정돈하려고 하지 말고 그저 자연스럽게 호흡한다. 이렇게 하면 저절로 호흡이 느껴진다. 여기에서부터 더욱 '자신'을 느낄 수 있도록 노력한다. 자신의 힘의 중심이자 자신만의 세계를 창조한 자기 자신을 느끼는 것이다. 적어도 이런 연습을 매일 아침 20분씩(가능하다면 더 길게), 그리고 매일 밤 취침 전에 하면 좋다.

프롬은 '혼자 있는 것'도 중요하다고 말한다.

혼자 있을 수 있는 것은 다른 사람을 사랑하기 위한 필수 조건 중 하나다. 만일 자기 다리로 설 수 없다는 이유로 다른 사람에게 매달린다면 그 상대는 생명의 은인이 될 수는 있으나 두 사람의 관계는 사랑의 관계는 아니다. 역설적이지만 혼자 있을 수 있는 능력이야말로 사랑하는 능력의 전제 조건이다.

'누군가와 떨어져 있는 것을 견딜 수 없다', '늘 함께이고 싶다'라고 바라는 것은 미성숙한 사랑이다. 다만 둘이 있을 때는 친밀하게 옆에 있어 줘야 한다.

서로 사랑하는 자들은 반드시 집중력을 몸에 익혀야 한다. 보통 두 사람은 다양한 방법으로 서로에게서 도망치려고 하는데 그러지 말고 친밀하게 옆에 있어 주는 것을 배워야 한다.

명상이든 혼자 있는 것이든 집중력이 없으면 할 수 없다. 집중력을 기르려면 자기 자신에게 민감해져야 한다. 대부분 신체적 건

강 상태는 자신이 제일 잘 안다. 그러나 정신이나 심리, 마음의 상태는 훨씬 알기 어렵다. 따라서 깊이 집중하여 내면의 소리에 귀를 기울여야 한다.

> 자기 내면의 소리에 귀를 기울이는 것이다. 내면의 소리는 왜 우리가 불안한지, 우울한지, 안절부절못하는지 그 이유를 곧바로 알려준다.

자신의 정신 상태를 알기 어려운 이유는 판단 기준이 모호하기 때문이다. 이럴 때 바람직한 정신 활동을 하는 사람을 곁에 두면 좋다. 그러나 현대 사회에서 그런 정신력과 가치관을 갖춘 인물이 드물다. 대부분 TV에 등장하는 연예인이나 아이돌을 동경한다. 이들이 보여주는 표면적 활동이나 이미지만 보게 된다. 대화하거나 직접 소통하지 않으면 진정한 내면은 알 수 없다. 그 방법 외에 바람직한 정신 활동을 하는 인물을 만나고 싶다면 책의 세계로 깊숙이 빠져야 한다.

참고 견디고 기다리자

세 번째는 '인내'다. 현대인은 참고 견디는 데 서툴다. '시간은 금'이라는 인식이 생각을 지배하기 때문이다. 비즈니스 세계는 빠르면 빠를수록 좋다. 그래서 업무 볼 때는 물론 일상에서도 '급히', '바삐', '빨리' 움직인다.

혹시 "그렇게 서둘러 어딜 가요?"라는 말을 들어본 적이 있는가? 1973년 일본에서는 '그렇게 서둘러 어딜 가나そんなに急いでどこへ行く'라는 교통안전 표어가 나왔다. 1970년 만국박람회 개최 이후 자가용 시대가 열리면서 교통사고가 급격하게 늘어난 까닭이다. 최근에는 서두르는 것이 당연한 일이라 이런 물음 자체가 자취를 감췄다. 그만큼 현대인은 '참고 견디며 느긋하게 기다리는' 데 무척 서툴다.

사랑의 기술을 수련하기 위한 세 가지 전제 조건

↓

조건1. 규율

규율은 자신의 의지 표현. 규율을 벗어나면 결국 실패하게 될 행동에 천천히 익숙해지는 것

조건2. 집중

무엇보다 먼저 상대방의 이야기를 듣는 것, 온 힘을 다해서 현재를 사는 것, 자신에게 민감해지는 것

조건3. 인내

무턱대고 성급하게 행동하지 않을 것, 성급하게 결과를 바라지 않을 것

↓

기술 습득에 열렬한 관심을 가질 것,
적어도 일상을 사랑의 기술 수련과 연관 지을 것!

자기중심적 사고는 사랑을 척박하게 만든다

프롬은 사랑을 성취하기 위한 조건으로 규율, 집중, 인내에 더해 몇 가지 더 들었다. 첫 번째가 '나르시시즘(자아도취)의 극복'이다. 여기서 말하는 나르시시즘은 앞서 논했던 이기주의와 달리 '자신의 관점으로만 주변을 바라보는 것', 즉 자기중심주의를 뜻한다. 나르시시즘이 강한 사람은 자신의 관점과 자신이 알고 있는 사실로만 현실로 인식한다. 그 외의 외부 세계를 객관적으로 바라보지 못한다. 마치 꿈을 꾸는 것처럼 말이다.

꿈은 자신이 만들어낸 세계이다. 잠자는 동안 꿈꿀 때 꿈속의 사물을 현실과 마찬가지로 착각한다. 이와 마찬가지로 나르시시즘이 강한 사람은 자신의 관점에서만 세상을 바라본다.

이와 대립하는 개념이 객관적인 판단과 사고이다. 프롬은 이를

'이성'이라고 했다. 감정의 측면에서 접근하면 이것은 '겸손'이다.

사람을 사랑하려면 어느 정도 나르시시즘에서 벗어날 필요가 있다. 이를 위해 겸손과 객관성과 이성적 능력을 길러야 한다. 자신의 생활 전반을 이 목적을 위해 바쳐야 한다. 겸손과 객관성은 상황에 따라 구분해 사용할 수 없는데 사랑도 마찬가지다. 타인을 객관적으로 볼 수 없으면 자기 가족도 객관적으로 볼 수 없다. 그 반대도 마찬가지다. 사랑의 기술을 익히고 싶다면 모든 상황을 객관적으로 보려는 노력을 기울여야 한다

'이성'을 가져야 한다는 것이다. 스스로 이성적으로 사고한다고 생각하지만 대부분 사랑하면 이성을 잃고 만다. 이성을 잃지 않는 사랑은 위대한 사랑이 아닌 것처럼 여긴다. 하지만 이는 초기에만 그렇다. 인간은 이성을 잃은 채로 영원히 살 수 없다. 진정한 사랑에는 반드시 이성이 필요하다.

사랑은 맹목적인 믿음이 아니다

프롬은 “사랑의 기술을 수련하는 데 ‘신앙’의 연습이 필요하다.”라고 말했다. 신앙이나 믿음을 앞세우면 ‘신앙=종교’를 떠올리는데 종교는 일종의 도피 행위다. 신을 신봉한다는 것 자체가 이성을 버리고 교리를 믿어야 성립되는 부분이기 때문이다.

과거 일본의 옴진리교 사건만 봐도 그렇다. 교주가 ‘공중 부양’하는 사진을 보고 사람들은 ‘열심히 수행하면 공중 부양이 가능’하다고 믿었다. 이를 신적 능력을 키우고자 옴진리교에 입신한 것이다. 만일 이성이 작용했다면 인간의 공중 부양은 터무니없는 거짓이라 단정했을 것이다. 그럼에도 신도들은 이성을 버리면서까지 믿으려고 했다. 그들 중에는 전문직에 종사하는 학식 있는 사람들도 있었다는 게 놀랍다.

'신앙'에는 두 종류가 있다고 프롬은 말한다.

'믿는다'라는 문제를 생각하기 전에 일단 '합리적 신앙'과 '비합리적 신앙'을 구별할 줄 알아야 한다. 우리가 말하는 비합리적 신앙이란 불합리한 권위에 맹목적으로 복종하는(어떤 인물이나 이념에 대한) 믿음이다. 이에 반해서 합리적 신앙이란 자신의 사고나 감정의 경험에 뿌리박고 있는 확신이다. 이는 어떤 것을 무턱대고 믿는 것이 아니라 우리가 확신을 가질 때 탄생하는 확실성과 견고성이다.

프롬에 따르면 종교는 비합리적인 신앙에 속한다. 랍비 가문에서 태어난 프롬은 어렸을 때부터 유대교 신자였다. 하지만 그는 20대에 유대교를 버렸다. 종교나 정치는 비록 정의롭고 합리적이라도 권력과 연관되면 부패한다고 생각했다. 이후 프롬은 어떤 정당이나 종교에도 속하지 않고 중립적인 입장에서 심리학과 사회학 연구를 이어 갔다.

다른 사람을 사랑하는 데 필요한 것은 두말할 필요 없이 '합리적 신앙'이다. 자기 자신의 사고나 감정의 경험에 뿌리박힌 확신, 즉 다수의 의견이나 권위에 휘둘리지 않는 자신만의 독립된 신앙이 갖춰져야 한다.

이는 자기 자신을 굳게 믿는 믿음에서 출발한다. '나는 나다'라는 자존감이 힘없이 흔들리면 타인의 판단에 의존할 수밖에 없다. 자신을 믿고, 타인을 믿고, 인류를 믿는 것이 프롬이 말하는 '신앙'이다. 《사랑의 기술》의 2장 '사랑의 이론'에서 자신을 사랑하는 것이 타인에 대한 사랑으로 이어지고 나아가 인류의 사랑으로 이어진다고 언급했던 부분을 떠올려 보자. 신앙을 사랑과 동의어로 받아들여도 큰 지장이 없다.

그는 신념과 사랑의 관계를 다음과 같이 논했다.

> 사랑에 관해 말하자면 중요한 것은 자신의 사랑에 대한 신념이다. 사랑은 신뢰하기에 가치가 있으며 다른 사람 안에 사랑을 낳을 수 있다고 '믿는' 것이다.

합리적인 신앙의 기반은 '생산성'이다. 생산성이나 능동성의 설명은 이미 앞에서 했다. 여기서는 그다음으로 언급한 '용기'에 대해 살펴보자. '용기'란 위험을 무릅쓰는 능력이다. 더 나아가 그에 수반되는 고통과 실망을 수용할 각오를 뜻한다.

현대 사회는 상처받는 것을 두려워한 나머지 용기를 잃고 자신만의 세계에 틀어박히는 은둔형 외톨이가 늘고 있다. 프롬은 이들에게 보내는 메시지처럼 다음과 같이 말했다.

> 안전과 안정이 인생에서 가장 중요한 조건이라고 말하는 사람은 신념을 가질 수 없다. 방위 시스템을 만들고 그 안에 들어가 타인과 거리를 두고 자신의 소유물에 집착한다. 안전함을 추구하려는 사람은 그렇지 못한 상황에 스스로 자신을 죄인으로 만든다. 사랑받으려면, 그리고 사랑하려면 용기가 필요하다. 어떤 가치를, 그것이 가장 중요한 것이라고 판단하고 과감하게 뛰어넘어 그 가치에 모든 것을 거는 용기 말이다.

사랑을 성취하기 위한 (개인적인) 네 가지 기본 조건

↓

조건1. 나르시시즘의 극복

객관성과 이성을 갖출 것

조건2. 신뢰

타인을 '믿을 것', 자기 자신을 '믿을 것'

조건3. 용기

위험을 무릅쓰는 능력, 고통과 실망을 받아들일 각오

조건4. 능동성

내적 게으름을 피하고 자신의 힘을 생산적으로 활용할 것

↓

사랑을 개인의 현상이 아니라 사회적 현상으로 만들기 위해서는
우리 사회 구조에 중요하고 급진적인 변화가 필요하다.

그렇다면 모든 은둔형 외톨이는 사랑받지 못하는 것이 두려워서 집 밖으로 나오지 못할까? 이에 대해 프롬은 "우리는 의식적으로 사랑받지 못하는 것을 두려워하는데 무의식에서는 사랑하는 것을 두려워하는 것이다."라고 말했다.

타인을 사랑하려면 용기가 필요하다. 사랑은 어떤 보증도 없지만 행동으로 옮겨야 한다. 내가 사랑하면 상대의 마음에서 사랑이 싹틀 것이라는 희망을 갖고 자신을 거는 것이다. 내가 아무리 사랑해도 상대방에게 사랑받지 못할 수도 있다. 또한 마음이 맞지 않아 충돌하거나 어긋날 수도 있다. 그럼에도 사랑을 위해 두려움을 이기고 용기 내 한 발 내딛는 것이 중요하다.

사랑의 경험으로
사람은 성장한다

여기까지가 프롬이 《사랑의 기술》의 4장 '사랑의 수련'에서 사랑의 전제 조건으로 제시한 내용이다. '사랑의 수련'이라는 말에 기대를 품었던 독자에게는 다소 미흡한 내용일지 모른다. 하지만 이 장의 서두에 인용했던 프롬의 말을 빌리면 사랑은 '누구든지 자기 혼자 몸소 겪어야 하는 개인의 경험'이다.

"성숙한 어른이어야 다른 사람을 진정으로 사랑할 수 있다."라는 프롬의 말을 되새기면 사랑을 배우고 충분히 성숙한 어른이 된 후에 사랑을 구해야 하는 것처럼 느껴질지도 모른다.

하지만 그렇지 않다. 인간은 사랑을 경험하면서 성장하고 성숙해진다. 성숙한 인간과 성숙한 사랑은 '닭이 먼저냐, 달걀이 먼저냐'라는 문제와 같다. 사랑을 경험하며 인간은 성숙해진다. 이를 통해 한 차원 높은 사랑에 다가갈 수 있다. 또한 사랑은 인생에 딱 한 번으로 끝나는 것이 아니다. 누군가를 사랑하고 교제하다 헤어지는 등 실패로 끝날지라도 이를 통해 사랑을 배우고 다음을 향해 나갈 수 있다.

사랑하는 행위 자체를 '성가시고 귀찮다'라고 생각하는 사람도 있다. 그런데 경험해 보지 않고서는 사랑의 위대함을 알 수 없다. 실제로 경험해 봐야 비로소 사랑의 위대함과 심오함을 이해할 수 있다.

심리학 측면에서도 다른 누군가를 사랑하는 행위는 인간에게 매우 중요한 의미이다. 사랑하면 자신의 깊은 내면까지 자극되고 그 내부 이야기 구조에 변화가 인다. 자신이 만든 이야기에만 머물면 성장은 없다. 다른 사람이 등장해야 이야기에 변화가 생기고 지금까지 몰랐던 것이 새롭게 보인다.

사랑에 적극적이지 않은 사람은 '굳이 누군가를 사랑하지 않아도 친구나 가족과 같은 관계에서도 배울 수 있다'라고 생각한다.

그러나 어렸을 때부터 함께 살아온 가족은 꽤 오랜 시간에 걸쳐 형성된 관계다. 친구와 교류도 무언가를 배울 수 있지만 사랑과는 다르다.

사랑의 특징은 둘 사이의 관계가 단기간에 급속히 깊어지는 것이다. 섹스로 신체적인 합일이 달성되면 그 관계는 더욱더 가속도가 붙는다. 관계가 급속히 깊어지므로 불가피하게 가치관의 충돌이 일어날 수밖에 없다. 이를 극복하기 위해 서로 필사적으로 노력하는 과정에서 인간으로서 빠르게 성장한다. 이는 가족과 친구 사이 애정으로는 절대 경험할 수 없다.

개인에서 사회로 사랑이 확장되어야 한다

여기까지 이해하고 잘 읽어왔다면 '그래, 그렇다면 이제 진심으로 사랑해볼까?' 하는 생각이 들 것이다. 이런 의욕을 꺾는 말이라 조금 미안하지만, 프롬은 4장 마지막에 다시 한번 현대 사회의 문제를 꺼내며 "자본주의를 뒷받침하는 원리와 사랑의 원리는 양립할 수 없다."라고 말한다.

자본주의 사회의 원칙은 '교환'이다. '내가 이만큼을 주었으니 당신도 나에게 이만큼을 줘야 한다'가 '교환'의 개념이다. 한편 사랑은 어떤 보답이나 답례를 기대하지 않고 상대방에게 주는 것이다. 따라서 경제 사회의 원리와 사랑의 원리는 양립할 수 없다.

물론 '물건과 감정은 별개의 것이다. 두 가지 원리를 분리하면

되지 않느냐'라고 생각할 수도 있다. 하지만 현대 사회를 사는 우리는 이미 경제를 구심점 삼아 자본주의 사회에 흠뻑 젖어 있다. 머리로는 '사랑받는 것보다 사랑하는 것이 중요하다', '답례나 보답을 바라는 것은 사랑이 아니다'라고 이해하면서도 무의식중 보상을 기대한다. 이런 마음을 완벽하게 배제하기 어렵다.

개중에는 물건과 사랑의 감정을 별개로 분리해 생각하는 사람도 있다. 그런데 프롬이 바라는 것은 두 사람 사이의 작은 사랑이 아니다. 한 사람을 사랑함으로써 그 사랑이 점차 확대되어 최종적으로는 모든 인류가 커다란 사랑에 둘러싸이는 그런 세계를 이상으로 삼았다.

> 사랑을 진지하게 생각하고 '어떻게 살아야 하는가?'라는 문제의 유일한 대답이라고 생각하는 사람들은 다음과 같은 결론에 다다른다. 사랑이 개인화된 말초적 현상이 아니라 사회 현상이 되기 위해 현재 사회 구조를 근본부터 바꿔야 한다는 결론 말이다.

이처럼 에리히 프롬은 우리가 사랑하는 감정을 가지려고 노력해도 사회가 변하지 않으면 진정한 의미의 사랑은 생기지 않는다고 말했다.

> 사람을 사랑할 수 있으려면 인간은 최고의 위치에 놓여야 한다. 인간이 경제적 기구에 이바지하지 않고 경제적 기구가 인간에게 이바지해야 한다. 인간은 기껏해야 이익을 분배하는 것이 아니라 경험을 나누고 일을 나누어 가질 수 있어야 한다. 사람을 사랑하는 사회적인 본성과 사회적 생활이 분리되지 않고 합일을 이루는, 그런 사회를 만들어야 한다.

이는 경제 중심의 사회에서 인간 중심의 사회로 전환해야 한다는 것을 의미한다. 프롬이 왜 이렇게 말했는지 요즘 사회 구조나 현상을 보면 이해가 된다. 개인 이기주의는 물론 집단 이기주의까지 팽배해진 세상 아닌가. 그러나 한편으로는 프롬이 바라는 이상향의 사회가 과연 성립할 수 있을까 하는 의문도 든다. 자본주의 사회 구조가 인간에게서 존엄과 사랑을 빼앗는다고 해도 이미 사회주의도 공산주의도 유토피아는 아니었지 않은가. 출구 없는 이 시대에 도대체 우리는 어디로 가야 할까? 유감스럽지만 프롬도 그에 대한 답을 독자에게 맡긴 채 《사랑의 기술》을 끝맺는다.

사고 정지에 빠지면
사랑이 길을 잃는다

자본주의에 매몰되어 사는 우리가 지금의 생활에서 벗어나기란 쉽지 않다. 현재의 사회 구조를 크게 바꾸는 것 역시 당장은 불가능하다. 그러나 사회 구조는 완벽하게 고정된 것이 아니라 항상 변화를 겪는다. 어느 한쪽으로 치우치려고 하면 그에 대한 '반동'이 반드시 일어난다. 가령 요즘 일고 있는 축구나 댄스 열풍도 어떤 의미에서 신체성이 결여된 사회에 대한 반동으로 볼 수 있다. 또한 스피리추얼리티spirituality 붐도 물질중심주의가 만연한 것에 대한 일종의 반동이다.

다만 이런 반동의 흐름에 몸을 온전히 맡겨서는 안 된다. 그렇게 되면 스스로 생각하는 것을 멈추는 순간 '사고 정지' 상태에 이르고 만다. 일단 사고 정지에 빠지면 어떠한 변혁도 이끌어낼 수 없다. 지금 우리가 할 수 있는 것은 '어떤 사회에 살고 있는지 스스로 인식하고 거기에 매몰되지 않도록 노력하는 것'이다. 아직 진정한 의미에서 정신적 반동은 일어나지 않았지만 향후 어떤 형태로든 이런 움직임이 나타나리라 기대한다.

우리는 경제 중심의 자본주의 사회에 살고 있다. 에리히 프롬의 《사랑의 기술》을 읽어보면 현대 사회를 사는 인간의 행동이 인간의 본질이나 사랑의 기쁨과 괴리되어 있다는 사실을 알게 된다. 현대 사회를 근본부터 바꾸는 일은 결코 쉽지 않다. 하지만 이런 사실을 아는 것만으로도 변화의 시작이다. 한 사람 한 사람이 자각하고 그 마음에 조그마한 깨달음이 생겨나면 움직임이 시작된다. 이것이 언젠가 사회 변화를 낳는다.

다시 말하지만 《사랑의 기술》은 사랑에 즉각적으로 도움이 되는 방법을 제시하지 않는다. 대신 "사랑의 위대함을 이해하고 타인을 사랑하는 인간이 되고 싶다는 마음에서 모든 것은 시작된다."라는 프롬의 강한 신념을 담았다. 이런 신념은 진정한 사랑의 세계로 한 발 내디딜 수 있도록 우리의 등을 따뜻하게 밀어준다.

epilogue

누군가를 사랑할 수 있는 건 행운입니다

2016년 애니메이션 〈너의 이름은〉이 히트작 반열에 올랐을 때, 저는 '모두가 운명적인 사랑을 동경하는구나!'라고 생각했습니다. 자신의 모든 것을 아낌없이 바칠 수 있는 운명적인 사랑, 이런 사랑과 만나는 사람은 행복할 것입니다. 그러나 지구촌 인구 중 극히 일부에 해당하지 않을까요.

다행히 저는 그런 사랑을 경험했습니다. 운이 참 좋았지요. 지금으로부터 40여 년 전 한 여인을 만났고 세 번째 데이트에서 청혼했습니다. 그녀는 "저는 처음 만났을 때부터 결혼을 생각했어요."라고 대답했습니다. 이후 35년간 저와 아내는 사랑으로 충만한 결혼 생활을 보냈습니다. 안타깝게도 2016년에 아내는 병으로 세상을 떠났습니다. 아내가 떠난 병상에서 저는 여러 번 "당신과 결혼해서 정말로 행복했어."라고 말했습니다.

저희 부부의 사랑이 얼마나 성숙한 사랑이었는지는 모르겠습니다. 아니, 젊었을 때는 미성숙한 사랑이었지요. 세월과 함께 성숙해진 것만은 틀림없습니다.

결혼 10년 차에 접어들었을 무렵 저는 《사랑의 기술》을 번역하게 되었습니다. 사실 번역할 때 저는 책의 진가를 충분히 알지 못했습니다. 번역을 마친 후 30여 년 동안 일이 있을 때마다 부분적으로 읽고 있지만 솔직히 아직도 전체를 완벽하게 이해하지 못한 부분도 있습니다. 아마도 죽을 때까지 가까이 두고 읽고 또 읽겠지요?

이 책은 원서 《사랑의 기술》을 다시 읽으면서 새롭게 쓴 것입니다. 일부분 NHK TV 텍스트 '100분 명저 프롬 《사랑의 기술》'과 중복되는 부분도 있습니다. 널리 이해해 주시길 바랍니다.

가을 어느 날, 스즈키 쇼

위대한 행동이라는 것은 없다.
위대한 사랑으로 행한 작은 행동들이 있을 뿐이다.

테레사 수녀

인간은 자신이 사랑하는 사람만은
완벽한 존재일 것이라는 착각에 빠져 산다.
시드니 포이티에